中国文化经纬

老子与道家

许抗生 著

中国书籍出版社
China Book Press

图书在版编目（CIP）数据

老子与道家／许抗生著.— 北京：中国书籍出版社，2014.11
ISBN 978-7-5068-4551-9

Ⅰ.①老… Ⅱ.①许… Ⅲ.①老子—哲学思想—研究 ②道家—研究 Ⅳ.① B223.05

中国版本图书馆CIP数据核字 (2014) 第246875号

老子与道家

许抗生 著

责任编辑	毕　磊　许艳辉
责任印制	孙马飞　马　芝
封面设计	汉石美迪
出版发行	中国书籍出版社
地　　址	北京市丰台区三路居路 97 号（邮编：100073）
电　　话	(010) 52257143（总编室）　　(010) 52257140（发行部）
电子邮箱	chinabp@vip.sina.com
经　　销	全国新华书店
印　　刷	三河顺兴印务有限公司
开　　本	635毫米×970毫米　1/16
字　　数	110千字
印　　张	13.25
版　　次	2015 年 10 月第 1 版　2015 年 10 月第 1 次印刷
书　　号	978-7-5068-4551-9
定　　价	33.00 元

版权所有　翻印必究

《中国文化经纬》系列丛书编委会

顾问 汤一介 杨 辛 李学勤 庞 朴
　　　 王 尧 余敦康 孙长江 乐黛云

主编 王守常

编委（按姓氏笔画为序）
　　　 王 平 王小甫 王守常 邓小楠
　　　 乐黛云 江 力 刘 东 许抗生
　　　 朱良志 孙尚扬 李中华 陈平原
　　　 陈 来 林梅村 徐天进 魏常海

总　序

　　二十世纪三十年代，陈寅恪先生在冯友兰《中国哲学史》下册的《审查报告》中说："窃疑中国自今日以后，即使能忠实输入北美或东欧之思想，其结局当亦等于玄奘唯识之学，在吾国思想史上既不能居最高之地位，且亦终归于歇绝者。其真能于思想上自成系统，有所创获者，必须一方面吸收输入外来之学说，一方面不忘本来民族之地位。此二种相反而适相成之态度，乃道教之真精神，新儒家之旧途径，而二千年吾民族与他民族思想接触史之所昭示者也。"今天读陈先生的话，感慨良多。先生所言之义：佛教传入中国，其教义与中国思想观念制度无一不相冲突。然印度佛教在近千年的传播过程中不断调适，亦经国人改造接受，终成中国之佛教。这足以告知我们外来思想与中国本土思想能够融合、始相反终相成之原因，在于"必须一方面吸收输入外来之学说，一方面不忘本来民族之地位"。这就是我们经常讲的,当下中国文化必须"返本开新"。如有其例外者,则是"忠实输入不改本来面目者,若玄奘唯识之学,虽震荡一时之人心,而卒归于消沉歇绝"。

我以为近代中国落后于西方,不应简单视为文化落后,而是二千多年的农业文明在十八世纪已经无法比肩欧洲工业文明之生产效率与市场资源的合理配置,由此社会政治、国家管理制度也纰漏丛生。由是而观当下之中国,体制改革刻不容缓,而从五四时代以来的文化批判也需深刻反思。启蒙运动对传统文化的批评固然有时代需求,未经理性拷问的传统文化无法随时代而重生。但"五四运动"的先贤们也犯了"理性科学的傲慢",他们认为旧的都是糟粕,新的都是精华,以二元对立的思考将传统与现代对峙而观,无视传统文化在代际之间促成了代与代的连续性与同一性,从而形成了一个社会再创造自己的文化基因。美国学者席尔思写了一部书《论传统》,他说:传统是围绕人类的不同活动领域而形成的代代相传的行为方式,是一种对社会行为具有规范作用和道德感召力的文化力量,同时也是人

总序

类在历史长河中的创造性想象的沉淀。因而一个社会不可能完全排除其传统，不可能一切从头开始或完全取而代之以新的传统，而只能在旧传统的基础上对其进行创造性的改造。此言至矣！传统与现代不应仅在时间序列上划分，在文化传承上可理解为"传统"是江河之源，而"现代"则是江河之流。"现代"对"传统"的理性诠释，使"传统"在"现代"得以重生。由此，以"同情的敬意"理解自己民族的文化传统是当下中国的应有之义，任何历史文化的虚无主义都要彻底摒弃。从"五四"先行者到今天的一些名士，他们对传统文化进行激烈批判，却也无法摆脱传统文化对自己的思维方式和价值观念的影响。这样的事实岂可漠视。

这套《中国文化经纬》丛书是在 1993 年刊行的《神州文化集成》丛书的基础上重新选目、修订而成。自那时到今天，持续多年的"文化热"、"国学热"，昭示着国人对自己民族文化的认同还处在进行时。文化决定了一个民族的性格，民族性格决定了一个民族的命运。中国文化书院成立至今已有 30 年了，书院同仁矢志不移地秉承着"让世界文化走进中国,让中国文化走向世界"之宗旨,不负时代的责任与担当。此次与中国书籍出版社合作出版这套丛书,期盼能在民族文化的自觉、自信、自强上有新的贡献。

王守常

2014 年 12 月 8 日

于北京大学治贝子园

前　言

公元前六世纪至公元前五世纪左右，在世界的东方几乎同时出现了三位伟大的思想家。这三位伟人就是古代中国的老子、孔子和古代印度的释迦牟尼。老子和孔子都是中国春秋末年人。孔子生于公元前五五一年，死于公元前四七九年。孔子曾经向老子学习过周礼（周朝的典章制度）。据《史记·老子列传》记载，孔子曾"问礼于老聃"。老子的年岁要比孔子大。释迦牟尼的生卒年，据汉译《善见律毗婆沙》记载，可推断为生于公元前五六五年，入灭于公元前四八六年，约与中国孔子同时。老子、释迦牟尼和孔子可说是生活于同一个时代。这是历史上一次偶然巧合吧！三位思想家不仅生卒年代如此相近，而且他们各自所创建的学说，又都在古代的中国得到了交流、融合与发展，并形成为世界性的东亚文化。所谓东亚文化，主要就是指释迦牟尼所创造的佛教，以老子为代表的道家学派与道教和孔子所开创的儒家思想。这三股强大的思想潮流，一般称之为"儒、佛、道三教"，它们影响了整个东亚的文化，形成了所谓"东亚文化圈"，成了东亚文化的象征。

儒、佛、道三教是中国传统文化体系中的三大组成部分。儒、道两家文化是中国固有的传统文化。佛教则是从古印度传入中国的，并在中国得到了新的发展，形成为中国化的佛教，从而也就成了中国传统文化中一个极为重要的组成部分。它们三者互相影响、互相补充、互相促进。为此，一些学者称它们为"儒道互补"、"儒佛互补"、"道佛互补"等等，看来是有道理的。中华民族传统文化的发展史，就是儒、佛、道三教互相促进，互相融合，又互相纷争的历史。

道家学派自春秋末年老子创建以来，对中华民族文化的发展起到了极大的推动作用。春秋战国时期人们称儒、墨两家为"显学"，其实自春秋末年之后，尤其是战国中后期，在学术界影响最大的当首推道家的思想。不仅春秋末年的儒家创始人孔子曾"问礼于老聃"，而且子思、孟子、荀子等儒学大师，亦在不同程度上受到了道家思想的影响。至于兵家的孙武、孙膑，名家的惠施，法家的慎到、申不害、韩非，乃至阴阳家、纵横家等等，几乎没有一家不受到道家思想的影响。老子哲学在中国哲学史上是第一个提出比较系统的宇宙生成论和宇宙本体论的哲学,以至整整影响了两千多年来中国哲学宇宙论(包括宇宙生成论和宇宙本体论)的发展过程。在先秦时期,老子哲学直接影响了稷下黄老哲学、庄子哲学和申不害、韩非的哲学,也影响了孔子、孟子、荀子的天人学说,乃至《易传》和《吕氏春秋》的哲学思想。在两汉时期,汉初黄老学盛行,《淮南子》则是对汉初黄老学的理论总结,其思想直接影响到扬雄与王充的哲学。同时道家思想还深深地影响着正统的以董仲舒为代表的儒学系统。在魏晋时期,老庄玄学风行成了时代的主流思潮。之后,南北朝、隋唐道教佛教兴盛亦与道家哲学有着密切的关系。最后,老子道家哲学通过魏晋玄学和佛、道两教的思想,又深深地影响了宋明理学的哲学思想。如果说,在我中华民族文化发展史上,在政治思想和道德学说方面,儒家的思想占了统治地位的话,那么在更深的层次上,在中华民族的哲学理论思维上占主导地位的却并不是儒家而是道家的哲学。从这一意义上说,"儒道互补"是中华民族文化的基本特征之一。

至于中国的宗教道教,它既与道家有密切的联系,又有着不同的特点。

道家一般是指老子所开创的道家学派,但在东汉末年产生了道教之后，道教教徒们尊崇老子为教主，这样老子又成了道教的代表人物。道教教徒还把《老子》、《庄子》、《列子》、《淮南子》等原为道家的著作，都看作是道教的经典著作，从此也就不再去区别道家学派与道教的不同，道家与道教成了同义词。其实应当承认前者是学派，后者是宗教，两者有着根本上的不同。然而它们之间又有着思想上的密切联系，道家思想是道教教义的理论基础，如果没有道家思想，恐怕也就不可能有中国道教的宗教学说了。

至于印度佛教传入中国，并能得到兴盛与发展，很大程度上亦是得力于融合道家思想的结果。道家与佛家，从思想本身来说，两者比较接近，有许多相似的地方，尤其是大乘空宗佛教与老庄道家思想有着不少契合之处，所以佛教思想在中国能够借助于道家思想而得以勃兴和发展，并实现了佛、道两者思想的融合，从而为佛教的中国化奠定了思想基础。因此从某种意义上说，没有道家思想，也就不可能有佛教在中国的兴盛和发展。

综上所说，道家思想在中华民族文化发展史上具有举足轻重的作用。中国古代如果没有道家的存在，也就不可能有中国道教的形成与发展，也不可能有佛教的兴旺发达；没有道家的哲学，中国的儒家，尤其是宋明理学，就不可能有这样的丰富多彩。道家思想是中国传统文化中的一个极其重要的组成部分，中国传统文化是以儒、道两家思想为其主要代表的。

目　录

总序 …………………………………………………………… 1

前言 …………………………………………………………… 1
第一章　道家创始人老子及其思想 ………………………… 1
　　第一节　老子的生平 ……………………………… 2
　　第二节　《老子》一书的写作年代问题 ………… 6
　　第三节　老子道家思想产生的时代背景 ………… 8
　　第四节　老子的基本思想 ………………………… 10
第二章　道家学派在战国时期的发展 …………………… 49
　　第一节　杨朱学派 ………………………………… 49
　　第二节　列子学派 ………………………………… 54
　　第三节　庄子学派 ………………………………… 59
　　第四节　黄老学派 ………………………………… 76

第三章 道家学派在两汉的发展 …… 90
第一节 汉初的黄老学 …… 91
第二节 刘安主编的《淮南子》的黄老之学 …… 92
第三节 王充与黄老之学 …… 99

第四章 魏晋时期老庄学的风行 …… 103
第一节 魏正始年间何晏、王弼的老子学 …… 105
第二节 魏末阮籍、嵇康的老庄学 …… 107
第三节 西晋郭象的庄子学 …… 111

第五章 老子道家思想对中国道教思想的影响 …… 116
第一节 老子道家思想与道教的形成 …… 117
第二节 老子道家思想与道教的基本教义 …… 128
第三节 老子与道教尊神 …… 141

第六章 老子道家思想对中国佛教思想的影响 …… 147
第一节 汉代佛教与黄老方术思想的结合 …… 151
第二节 魏晋佛教与老庄玄学的结合 …… 155
第三节 唐代禅宗佛学与老庄思想的融合 …… 182

出版后记 …… 190

第一章　道家创始人老子及其思想

　　我国春秋末年的老子，创立了中国历史上第一个学派——道家学派，与此同时或稍后，孔子创建了儒家学派。之后的墨子开创了墨家学派。虽说历史上有所谓儒墨"显学"的说法，似乎在春秋战国时期儒家与墨家是两大最有影响的学派，其实在思想意识领域真正具有最大影响的应是道、儒两家。就哲学理论思维而言，道家的影响甚至超过了儒家。可以这样说，春秋战国时期几乎没有一个学派不受到道家哲学思想的影响。道家对儒家、法家、名家、阴阳家等都产生了不同程度的影响。尤其在战国中期之后其影响则更大。当时的主要思想家如子思、孟子、荀子、惠施、申不害、韩非、慎到以及一些典籍如《管子》、《吕氏春秋》、《易传》等在思想上都无不受其影响，从而才能在汉初形成强大的黄老之学的社会思潮。在汉以来的整个中国封建社会中，儒家成了占统治地位的官方哲学，先秦的"百家"相继凋谢，而唯有道家能与儒家抗衡而长期并存，并能在整个封建社会中发挥着它的作用和影响。尤其是它与活跃于我国中世纪的两大宗教——道教和佛教有着特殊的关系，并对其有重要影响。要想了解我国两大宗教——道教和佛教在历史上的发展和演变，首先要研讨一下老子及道家学派的思想。

第一节 老子的生平

据司马迁《史记》记载，老子为春秋末期人，"姓李氏，名耳，字聃"。一本作"字伯阳，谥曰聃"，系后人所改。"聃"，许慎《说文》："耳曼也。"曼有长义。聃即是指耳长大的意思。所以后人相传有"老君耳长七寸"之说。老子姓李，然而为什么人们称他为老子而不称他为李子呢？据东汉郑玄《礼记·曾子问》注说："老聃，古寿考者之号也。"考即老也。老有寿长之义，聃亦有老义。所以说老聃是古寿长者之号。今人高亨先生则认为，老子原姓老，后因音同变为李，其根据有四：孔子墨子皆称姓，而老子不称李子，可见老子原姓老，其证一也；古代有老姓而无李姓，春秋二百四十年无姓李者，《战国策》始有李悝、李克等李姓，可见李姓出现甚晚，可知老聃原姓老，其证二也；古人姓氏多无本字，借同音字为之，如荀卿亦作孙卿、田仲亦作陈仲等，故老之变为李亦为语转而已，其证三也；古韵老、李音近，故可由老而变李，其证四也（高亨《史记老子传笺证》）。高亨先生这一说法似亦有一定的道理，可备一说。

又据《史记》说，老子为楚国苦县厉乡曲仁里人，其地在现今河南省鹿邑东部，接近安徽省的亳县。陆德明《老子音义》说："（老子）陈国相人也。"《列仙传》也说："老子，陈人。"那么老子究竟是楚国苦县人呢？还是陈国相人呢？其实在历史上苦县原来属陈国，春秋末年公元前四七九年，楚国灭掉陈国，以此陈国归属楚地。边韶《老子铭》说："春秋之后，相县虚荒，今属苦县，故城犹在。"可见，春秋时陈国的相县，即是后来楚国的苦县。以此人们把老子称为楚人，把老子所开创的道家文化称为楚文化，是有一定道理的。但从历史实际上来考察，老子的道家思想早在陈国尚未灭亡之前即已形成了，所以老子的道家文化应属春秋时代的陈文化。又据《老子铭》说："（相县故城）在赖乡之东，涡水处其阳。"《史记》作"厉乡"，厉读为赖，一音之转。涡水属于淮河水系，是淮水的支流。以此我们可以说，老子的道家文化可以称作淮水文化。淮水支流众多，灌溉着整个淮北平原。"仁者乐山,知者乐水",正是淮河的流水哺育出了老子这位智者。淮北水系支流长而流势缓,老子尚弱尚水的思想正是他生活于淮水流域的反映。而楚文化主要是指荆楚文化,属长江水系,应是长江文化的重要部分。至于中国的北方则属黄河文化(包括三晋与齐、鲁文化)。以此我们可以把春秋战国时代的文化,归结为三大水系的文化,即黄河文化、淮河文化和长江文化。这三大文化各有自己的特点,同时又互相影响、互相渗透,促进了整个中华民族文化的发展、昌盛与繁荣。黄河文化以法家(三晋法家和齐法家)、儒家(邹、鲁)为主,淮河文化以道家文化为主,长江文化以荆楚文化、吴越文化为主(长江文化还应包括巴蜀文化、西南地区文化等),但尚未形成明确的学派。这三大文化中,当然黄河文化是重要的,但淮河文化与长江文化也应占有重要的地位,如果没有后者的存在,那么整个中华民族的文化也就无法理解与把握,也就形成不了整体的中华民族文化。

老子曾担任过东周"守藏室之史",即执掌搜集保管文献资料的官吏。所以有人说老子担任的是国立图书馆馆长。又《曾子问疏》引《史记》说:"老聃为周柱下史,或为守藏史。"实柱下史即守藏史,守藏史职掌官书,柱下史主持柱下"方书"(方书即版书或即四方文书),"方书"在庭柱之下，即指守藏室而言。

其时东周已经衰落，周天子早已名存实亡。老子见"周之衰"，于是去职西去。至函谷关，关令尹喜对老子说："你要隐居了，希望你为我写一本书把你的思想留下来。"老子著书上下二篇，言道德之意，约五千余字，即历史名篇《道德经》。书成之后，老子离去，"莫知其所终"。自孔子死后（孔子死于公元前四七九年）一百二十九年，《史记》记载，有一位东周太史儋者，曾经见过秦献公。有人说，儋即是老子，也有人说，儋不是老子。总之，老子是位隐居的君子，事迹不可详考。相传老子的儿子叫宗，宗为魏国将令，封于段干。宗的儿子叫注，注的儿子叫宫，宫的玄孙叫假，假做过汉文帝的官。假的儿子叫解，为胶西王卬太傅。从《史记》所开列的这一老子家谱来推算，汉文帝在位于公元前一七九至前一五七年，如向前推算七代（假一代、宫三代、注一代、宗一代，再加老一代，共七代），每一代以相隔三十年计，则七代共二百一十年，由汉文帝在位向前推二百一十年，则约为公元前三八九至前三六七年。以此推知，老子似应是战国中期人。如果老子生于春秋末年（比孔子略早些），死于战国中期，那么他就活了二百余岁了，但这是不可能的事。老子的生卒年已不得详考。

老子与孔子的关系问题，一向为史学家所注目。据《史记》记载，孔子曾到过周国，"问礼于老聃"。老子还曾对孔子发了一段议论，其大意是说：君子得其时可以出来做官，不得其时则应隐居起来。君子智慧超人，但外表要像愚人一样，因此应该去掉你的骄气和奢望，这些东西对于你的身体没有什么好处。孔子认为，老子的这一段议论讲得很高深，于是便称赞老子就像是一条乘风云而上天的龙（"[孔子谓弟子]曰：'吾今日见老子，其犹龙邪。'"）。关于孔子与老子的关系，《吕氏春秋·当染》亦说："孔子学于老聃"，大约学的就是"礼"。《礼记·曾子问》中说："孔子曰：'昔吾从老聃助葬于巷党。'"这实是说，孔子曾经向老子学过葬礼。可见老子是位深通周礼的礼仪专家。

第二节 《老子》一书的写作年代问题

从孔子曾经问礼于老聃推断，可以肯定老聃的生年应早于公元前五五一年。按《孔子世家》所说孔子自周返鲁为三十岁。如果这一说法可信的话，说明公元前五二一年前老子仍在周当官并未离职西去，而写成《道德经》的年代应在此之后。若按《庄子·天运篇》"孔子五十有一南之沛见老子"

之说，那么公元前五〇〇年时老子虽离开了周国，但尚未出关西去，《道德经》的写作应当在公元前五〇〇年之后。可见，《道德经》一书可能为春秋末年、公元前五二一年或公元前五〇〇年之后所作。

从现存的《道德经》（包括帛书《老子》在内）来看，又带有战国时代的痕迹。如《老子》一书中明确地提出了反对"尚贤"的政治，认为只有"不尚贤"才能"使民不争"。我们知道，"尚贤"政治是由墨子提出的。墨子约生于公元前四六八年，约卒于公元前三七六年。墨子提出的"尚贤"政治，在公元前四四五年至公元前四三五年左右。因此，《老子》中反对"尚贤"的思想，不可能产生于春秋末年，只能最早出现于战国前期。再如现有《老子》中已经出现了"万乘之主"或"万乘之王"（见帛书《老子》）的称呼，拥有万乘兵车，这显然反映的是战国时期各诸侯国的军事情况。在春秋时代，当时的战争规模不大，军队中的车乘尚少，不见有"万乘"的记载。例如《论语》和《孙子兵法》两书中，仅讲到有"道千乘之国"、"驰车千驷"和"革车千乘"。"万乘"的出现，只是在战国时期。首先讲到"万乘"一词的是《墨子》一书（《墨子·非攻》中："今万乘之国。"），而后的《孟子》、《孙膑兵法》等书就比较广泛地使用"万乘"一词了。因此《老子》

一书中的"万乘"一词,也就不可能产生于春秋时期,而只能出现在战国时代。

现存的《老子》一书,并不全是春秋末年老子的著作,而是经过了战国前期乃至中期时人的增加或修改而成。它反映的是从春秋末年至战国中期之前老子一派道家的思想。大概也正由于这个缘故,后来的人们相传老子一人活了一百六十岁或二百余岁了。尽管《老子》一书并非一人一时的著作,但《老子》一书中包含了老子的思想,老子是道家学派的创始人,这是绝无问题的。

第三节　老子道家思想产生的时代背景

中国经上古夏、商、西周三代的发展,进入春秋战国时期后,社会发生了翻天覆地的变化。这一社会大变动,一般历史学家把它称作由奴隶社会向封建社会的转变或过渡时期。这一变化是从春秋时代开始的。随着春秋时期生产力的发展,尤其是铁器工具(特别是铁犁牛耕)在农业上的普遍运用,从而为封建社会的小农经济(农业和手工业相结合的小生产的自然经济)的形成提供了物质基础。这就刺激了大量奴隶脱离奴隶主而逃亡他乡,从事开荒种田。这样一来,过去的奴隶制度已经不能再继续存在下去了。以往的中下层的奴隶主贵族，也顺应着这一时代的潮流，开始放弃昔日的奴隶制度向封建制转化。他们不再受奴隶制的等级制度的束缚，一方面开始大量兼并土地变公田为私田，使私家富于公室（公室指奴隶制国家的世袭贵族官吏），一方面又把土地租种给农民，以租佃形式对农民实行新的封建制的地租剥削。从此封建经济开始出现。

经济基础的变革，必然要反映到政治上来。在政治领域，那些新出现的富有的然而尚处于下层无权或少权地位的封建地主阶级，要求重新进行权力的分配。于是，春秋战国时期在诸侯国中纷纷出现了权力之争，新贵（即新的封建地主）起来夺取旧贵（即奴隶主贵族）的权力已经成为时代潮流，成为当时政治斗争的一个重要内容。《论语·季氏篇》中所说的"禄（爵禄，这里指政治权力和利益）之去公室（这里公室指鲁国国君）五世矣，政逮于大夫四世矣"，就是反映了当时政治权力逐步下移，新的封建地主阶级逐步走上政治舞台的情况，并在诸侯国中相继实行了变法的运动，对旧有的制度实行了自上而下的改革，从而有力地推进了中国社会由奴隶制向封建制的转变。

在思想意识领域，社会的这一变动表现得尤为明显。夏、商、西周三代，中国的思想意识领域处于上帝天命观念统治的时期，不论自然界还是社会上的一切现象，人们都认为是由上帝安排决定的，上帝是至上神，拥有绝对的至高无上的权威。这个上帝，人们也叫作"天"，它的命令叫"天命"，天命是绝对不能违背的。进入东周春秋时代，随着奴隶社会的日益衰落和新的封建经济的产生，上帝的权威开始逐步地下降，带有无神论倾向的疑天思潮逐步兴起，人们开始冲破上帝神学的藩篱，进入一个思想自由解放的时代。尤其是当时社会上各个阶级和阶层的知识分子思想十分活跃，过去"学在官府"，现在知识分子们纷纷办起了"私学"，学术下移到了民间，各种学派在民间兴起，开始出现了一个"百家争鸣"的局面。春秋末年至战国初年已经形成了道、儒、墨三大学派，名家、法家等学派也在酝酿形成之中。它们用各自的学说来影响社会、改造社会。老子的道家思想也就是在这样的一个时代背景下产生的。

第四节 老子的基本思想

老子在对待旧制度与旧文化的态度上，与孔子有所不同。孔子站在继承与发扬殷周，尤其是西周文化的立场上，以继承西周文化为己任，并在旧文化中加进了新内容，使之适应新时代的要求。例如孔子在天道观上，一方面继续宣扬西周以来的天命论，认为"获罪于天，无所祷也"（《论语·八佾》）、"死生由命，富贵在天"（《论语·颜渊》）；但另一方面，他不再强调上帝的人格神形象，而说："天何言哉？四时行焉，百物生焉，天何言哉？"（《论语·阳货》）认为天并不发号施令，四时百物自然地运行生长。在个人的道德修养方面，孔子完全强调人为的作用，说："为仁由己，而由人乎哉？"（《论语·颜渊》）"有能一日用其力于仁矣乎？我未见力不足者。"（《论语·里仁》）这样就进一步限制了天的权力范围，强调了人的作用，削弱了天的绝对权威性。再如在对待西周以来由周公所制定的礼乐制度上，孔子极力主张维护传统的礼乐制度，提出"立于礼"、"以礼让为国"等思想，同时又主张对礼要进行必要的改造，反对徒具形式的虚伪礼义。孔子说："殷因于夏礼，所损益可知也；周因于殷礼，所损益可知也；其或继周者，虽百世，可知也。"（《论语·为政》）这即是说，礼制是随着时代的不同，既有继承亦有改变（"损益"），并不是一成不变的。孔子为了挽救礼乐制度，特别提倡用"仁"的思想来充实"礼"的内容。孔子说："人而不仁，如礼何？""人而不仁，如乐何？"（《论语·八佾》）

没有仁爱的思想,还谈什么用礼用乐呢?孔子提倡"礼,与其奢也,宁俭"的思想,即认为礼节仪式,与其奢侈,不如节俭为好。礼节仪式不在于繁多,而在于能否体现仁爱的思想。

老子说:"礼者,忠信之薄,而乱之首。"认为礼已是人们手中搞虚伪、欺诈的工具,已经成了祸首。至于仁义,老子认为它只是在纯朴的"大道"废弃之后才产生的东西("大道废,有仁义")。老子认为,只有"绝圣弃知"才能"民利百倍",只有"绝仁弃义"才能"民复孝慈"。老子并非要全部抛弃传统文化,抛弃礼乐仁义的思想。他主要是反对那种虚伪的礼仪,主张做人要敦厚朴实,反对虚伪浮华。《老子》三十一章说:"吉事尚左,凶事尚右。偏将军居左,上将军居右,言以丧礼处之。杀人之众,以哀悲泣之。战胜,以丧礼处之。"由此可见,老子并不一概否定礼乐文化。又如老子主张"绝仁弃义",欲去掉虚伪的仁义,但他对真实的仁爱还是提倡的。"予善仁",施为于人要有仁爱的心,并认为圣人要常善救人,而不应遗弃人("是以圣人常善救人,而无弃人"),进而他还把仁慈的原则当作战胜敌人的三大法宝之第一宝。他说:"我有三宝,持而保之。一曰慈,二曰俭,三曰不敢为天下先。"(《老子》六十七章)老子把"慈"当作宝,是因为只有慈爱自己的士卒才能使他们打仗勇敢（"慈，故能勇"）。

由此可见，老子激烈地抨击了礼教的虚伪性，但他并没有完全否定传统礼义的作用，他只是把礼义仁爱放到了他的"道德"思想之下，成为次要的东西加以保留。对于这点，我们在研究老子思想时，也是不容忽视的。

老子提出的以"道"、"德"为核心的文化思想的基本内容，大致可以归结为如下几个方面：

一、道论——宇宙本原论与宇宙生成论

老子是中国历史上从宇宙观的高度考察自然、社会和人生问题的第一位大思想家。中国上古夏、商、周三代的社会是上帝神学占统治地位的社会，犹如西方的中世纪基督教神学有着至高无上的地位一样。在中国历史上，首先起来用新的宇宙观来代替上帝神学统治的第一人就是老子。在天道观上，他要比同时代的孔子和稍后的墨子进步得多。孔子要求人们要"知天命"、"畏天命"，并没有能最后冲出西周以来传统天命论的束缚。而战国前期的大思想家、墨家的创始人——墨子，则仍然坚持天有意志能赏善罚恶的思想。他说："昔三代圣王禹、汤、文、武，此顺天意而得赏也；昔三代之暴王桀、纣、幽（周幽王）、厉（周厉王），此反天意而

得罚者也。"（《墨子·天志上》）就其承认天有意志这点讲，墨子的思想落后于孔子。但墨子又不同意孔子的天命论而鼓吹"非命"，对天命论进行了批评，认为天命论是古代暴君创制出来的，"非仁者之言"，并从感觉论出发，论证了"命"是见不到听不到的东西，是不可能有的。不论是孔子还是墨子以及他们的"天命"和"天志"，都没有最后冲破传统的天命论思想的藩篱。老子则不同，他大胆地向传统的天命论进行了挑战，否定了天志说和天命论，提出了天道自然说。他把天与地一样当作自然的东西。他说："天地不仁，以万物为刍狗。"（《老子》五章）"刍狗"，用刍草扎成的狗，古代用以谢过求福，一旦用完，即随手抛弃。这句大意是说，天地没有仁爱的的心，把万物当作刍狗一样来看待。又说："天地之间，其犹橐籥乎。虚而不屈，动而愈出。"（同上）天地之间就像风箱一样，虚静而永不会穷竭，愈活动则愈能生出气来。"天地相合，以降甘露，民莫之令而自均。"总之，天地都没有什么神秘的超自然的力量。

　　为了更深一步地探求天地的起源和整个宇宙的本原问题，老子立足对现实的宇宙万物的观察，由今而推至古，再从古以推演出今的思想方法，终于提出了自己的全新的宇宙观，即以"道"为核心的宇宙本原论和宇宙生成论。

在这一新的宇宙起源学说上,老子提出了两个重要的思想:

(1)"天下万物生于有,有生于无。"(《老子》四十章)

(2)"道生一,一生二,二生三,三生万物。万物负阴而抱阳,冲气以为和。"(《老子》四十二章)

这两段话,在通行本《老子》中,前者在第四十章的章末,后者在第四十二章的章首,其中间隔着第四十一章。但在马王堆汉墓出土的帛书《老子》本中,这两段话是前后紧接着的,中间不隔通行本四十一章的一段文字。这两段话讲的是一个意思,但前者是从今推古的思维方法,后者则是从古推今的思维方法。古人要揭示宇宙起源的秘密,就必当先从现实的天地万物出发,然后推测其遥远的古代。所以在这里老子先考察了第一个命题:"天下万物生于有,有生于无。"这一命题是先从现实存在的万物出发的,认为万物各不相同,并都有自己生成的过程,又认为它们最终都是从某一物中产生并发展出来的。依老子看来,万物各有不同,极其复杂,而复杂的事物总是从简单的事物发展而来的,于是老子认定万物必定是从某一个最简单的事物中产生的,这个事物就是"万物生于有"的"有"。"有"的存在皆是具体的有形有象的存在,如果这个"有"之前仍然是有形有象的"有",这样就会造成一个有生于有的无穷系列，这是不可设想的。老子认为，宇宙有一个开端、一个起源，这个开端决不能是有形有象的具体存在物"有"，只能是"有"的对立面无形无象的"无"。这就是老子思维的终极点。老子推出了这一终极点后，又反过来从这一终极点推演出万物产生的途径。然而，在这里同时又产生了一个问题，无形无象的"无"怎能产生出有形有象的"有"来呢？这确实是一个非常困难的理论问题，如果不求助于上帝的推动力，那么"无"怎能突然生出"有"来呢？老子是一位无神论者，他已经把"天"看成是自然物，所以天帝在这里帮不了他的忙。因此老子设想"无"生"有"并不是一种突发的过程，而是一个逐步演进的过程。老子认为，宇宙的最初起源是"无"，它本没有名字，可以称它为"道"（"字之曰道"），或勉强叫它一个名叫"大"（"吾强为之名曰大"），"无"生"有"的演进过程是"道（即无）生一，一生二，二生三，三生万物"。这里的一、二与三，老子并没有明确说明，但从他说的"万物负阴而抱阳，冲气以为和"这两句话中来看，"二"似指阴、阳二气，"三"应是阴阳二气互相作用所生成的和谐之气，阴阳和谐之气（可称"和气"）能生成出各种各样的万物。而"一"似应是指阴阳未分化之气，按《庄子·天地》："一之所起，有一而未形"，由于未分化出阴气和阳气，所以尚未有形象。这就是老子所描述的道生万物或"无"生"有"的整个过程。

对于"道"（或称"无"）的形象及性质，老子作了如下的界说：

道是无形无象的。"视之而不见，名曰夷；听之不闻，名曰希；搏（搏，抚摸也）之不得。名曰微。此三者不可致诘（致诘，推问也），故混而为一。"（《老子》十四章）夷者无形迹，希者无音声，微者无形质。夷、希、微三者都表示"道"是一种无形无象无任何形迹的东西。

道是无为无欲的。老子说："道法自然。"自然者无为也。无为即指无有目的、无有意志、无有欲望、无有作为，所以说道"常无欲"、"常无为"，是自然存在的东西。

道是柔弱的。老子说："弱也者，道之用。"道的作用是柔弱的，然而正由于它柔弱所以才能战胜刚强。"天下之至柔，驰骋于天下之至坚。"（《老子》四十三章）天下最柔弱的东西，能够驰骋穿透天下最坚强的东西，犹如柔弱的水一样，"天下莫柔弱于水，而攻坚强者莫之能胜"（《老子》七十八章）。水的性质与道的性质有相类似的地方。

道是虚静的。老子说："道冲而用之或不盈。"（《老子》四章）冲即盅，盅，器虚也。道是空虚的，它永远也不会充满。同时道又是静止的。"夫物芸芸,各复归其根,归根曰静,静曰复命。复命曰常。"(《老子》十六章)道是静止的,万物是运动的,万物都在生长壮大,但最后它们又都要复归其本原的道,这就叫做复归于性命之常,所以万物归根就是要回到静止的状态。

道是无名的。"名"指名称、称谓。任何一种名都有自己所指的一定的对象,因此"名"都是有限制的。而老子认为,道是无限的,无任何规定性的东西,如果道也是有限的,有一定规定性的,那么它就与具体的物(万物)没有什么差别了,它就不能成为宇宙万物的本原,所以道只能是无限的。无限的东西也就不能用有限的名来称谓,因此道只能是无名的。正如老子说:"道,可道,非常道。名,可名,非常名。"(《老子》一章)"道"可以称道的,就不是常道了。"名",可以称名的,就不是常名了。因此常道应该是无称道,常名应该是无名称,所以道"常无名"。

然而为什么老子又要把宇宙的本原、万物的本根叫做"道"呢?"道"原指道路而言,可引伸为法则、原理、规律等。这样"道"在中国哲学史上逐步地演变成政治、伦理和哲学上的概念。春秋时期,"道"这一概念已经用得非常广泛。例如,子产说:"天道远,人道迩(迩,近也)。"(《左传昭公十八年）明确地提出了天道与人道的概念。又如在《论语》中，大量地运用了"道"这一概念，提出了"父之道"、"先王之道"、"忠恕之道"、"天下有道"、"天下无道"、"学道"、"吾道一以贯之"等等，把"道"当作治国的准则、做人的原则等。就是在《老子》一书中，也常运用"天之道"、"人之道"等概念，不过这些"道"都是与一定的具体事物相联系的，是指一定事物的法则，如天道、人道、父道、子道等，并没有脱离这些具体事物的"道"。老子则把"道"加以更高度的抽象化，使之脱离具体事物而言"道"，他把"道"看作存在于万物之先的宇宙万物的总法则。这样，老子把"道"分成两类：一是指与具体事物相联系的道，属于一定事物的法则，叫做"非常道"，即不是永恒存在的道；一是指存在于万物之先的宇宙万物的总根源、总法则，这样的"道"叫做"常道"，是永恒不变的道。非常道是离不开有形有象的事物的，而常道是最抽象的，它脱离了有形有象的具体事物，因此它是无形无象的。这样的常道其实就是脱离了万物的一种绝对的"理"（即法则）的存在。

老子的"道"究竟是"理"的存在，还是"物"的存在呢？"理"（即法则、规律）本应是"物"之理，没有物也就谈不到理，所以没有物也就谈不到"道"。老子似乎并不清楚这一点，当他在强调道是"常道",是脱离万物而存在时,他把"道"看成是一种纯理的存在,但纯理是不能生出万物的,所以当他在强调道能生出万物时,他又把道看成是一种"物",一种"混成之物"的存在。老子说:"无名,万物之始也。有名,万物之母也。"这里的无名与有名都是指道而言的,所以帛书本《老子》说:"两者(指无名、有名)同出,异名同谓,玄之又玄,众妙之门。"始与母是有差别的,据朱谦之先生说:"'始'与'母'不同字义,《说文》'始,女之初也',母则象怀子形,一曰象乳子也。"(《老子校释》)始指原初纯朴之义,母指生养(怀子、乳子)万物之义。就原初纯朴而言,道是纯理,无形无象、无物无状、不可道、不可名,无任何物的规定性,其实它也就是纯无。就能生养万物而言,道又不能是纯理纯无,而已是有形、有象、有物的混成之物。老子说:"道之为物,惟恍惟惚,惚兮恍兮,其中有象,恍兮惚兮,其中有物。窈兮冥兮,其中有精。其精甚真,其中有信。自古及今,其名不去,以阅众甫,吾何以知众甫之状哉?以此。"(《老子》二十一章)众甫即众父,这里指生养万物的"道"。在这里,老子把道说成是其中已经包含了象、物、精等物质的东西。可见,道已经不再是纯理、纯无,而是一种物质的存在。老子说:"有物混成,先天地生。"道就有物质的属性,是一种未分化的混成之物。为了进一步说明"道"的物质性,老子还描述了"道"的物质存在的状态。他认为,道是普遍地存在于周围一切处所的("大道泛兮,其可左右")。同时道自身还具有运动功能,"反者,道之动",向相反方面的转化是"道"的运动。

总之,老子一会儿把"道"解释为"理"或"无"的东西,一会儿又把"道"看成是原始混沌的未分化的物质。可见老子并没有能够明确"理"与"物"两者的区别,而是把两者混为一谈。就这点而言,老子的哲学尚带有原始性与素朴性。老子思想中的这一矛盾,在历史上也早已为人们所揭露,例如晋朝人孙盛在《老子疑问反讯》一文中就曾指出老子思想的矛盾,说:"三者(指夷、希、微)不可致诘,混然为一,纯纯兮不可名,复归于无物,无物之象之谓惚恍。下章云,道之为物惟恍与惚,惚兮恍兮其中有象,恍兮惚兮其中有物。此二章或言无物,或言有物,先有所不宜者也。"一会儿说无物,一会儿说有物,这不是自相矛盾了吗?北宋的理学家程颐也曾指出:"老子书,其言自不相入处,如冰炭。"(《河南程氏遗书》卷十八)由于老子思想体系中存在着这一矛盾,以致影响到后来的中国哲学的发展。坚持把宇宙本原的"道"看作是理或无的哲学家,一般都属于中国哲学史上的以无为本或以理为本的唯心主义哲学家，如先秦的《列子》、《庄子》，两汉的《淮南子》和严遵的《道德旨归》，魏晋的何晏王弼玄学、宋明的程朱理学，乃至中国道教哲学等。坚持把宇宙本原的"道"看作是物是气（元气或精气），或认为道或理只是气之道或理的哲学家，一般是中国哲学史上的唯物主义哲学家，如先秦的稷下黄老学、韩非的老学，汉代的王充哲学，直至影响到唐代的柳宗元，宋、明的张载、王夫之等人的气本论思想。总之，老子的道论（即宇宙本原论和宇宙生成论）在中国古代哲学史上具有着极其重要的影响。

二、德论——物性论

老子作《道》、《德》二论（或称上下二篇），按帛书本《老子》的排列，《德》篇在先，《道》篇在后，这与通行的王弼本《老子》相反，而与韩非的《解老》、《喻老》和严遵的《道德旨归》的排列次序较合，以此推测，很可能《老子》的原来次序是《德》篇在前的。德，指德性而言。德性即指事物的本性。高亨先生说："今详审老氏之书，略稽庄生之言，而予以定义曰：'德者万类之本性也。'"（《老子正诂》）因此我们说，德论即是物性论，是讨论万物本性的。

老子讲"德"，归结起来至少包含有这样几种涵义：

第一章　道家创始人老子及其思想

①宇宙本原"道"的德性，一般称作为"玄德"。②体现了"道"的圣人之德性，亦称之为"玄德"。这是由于他的德性与"道"的德性是一致的缘故。③天地万物（包括人在内）的德性，一般称之为德，如天之德、地之德、人之德等等。但这些具体事物的德性，老子也把它们称作为天之道、地之道、人之道等等。在这里，天道和天德、人道和人德往往是不加以严格区分的，它们都是同一层次上的概念。德不仅有"玄德"与一般"德性"的差别，还有厚、薄的不同，上下的不同，有德与无德的不同等等。例如老子说："含德之厚者，比于赤子。"（《老子》五十五章）赤子为含德厚者。又如《老子》德篇一开首就讲到上德与下德的不同："上德不德，是以有德。下德不失德，是以无德。"这是说，上德的人不表白自己有德，所以他实有德；下德的人总好表白自己没有失掉德，所以他实无德。上德是有德的人，下德是无德的人，以此人又有有德与无德之分。

玄德与一般天地万物的德，其内容又是不一样的。天地万物各有各的德性，而玄德是道的或体现了道的圣人的德性则是同一的。至于玄德的内容，老子说："（道）生育万物而不据为已有，施恩泽于万物而不求其报答，长成万物而不加以宰制。这就叫做'玄德'。"（《老子》五十一章："生

23

而不有，为而不恃，长而不宰，是谓玄德。"）这是指"道"的德性，道的德性就是无为顺自然而已。老子又说："以智治国，国之贼；不以智治国，国之福。知此两者，亦稽式。常知稽式，是谓玄德。"（《老子》六十五章）这是说，用智慧来治理国家，这是国家的灾害，不用智慧来治理国家，这是国家的福德。常知晓这两者，也就知道了治国的法则。常知治国的法则，这就叫做"玄德"。这里的玄德是指圣人的德性，圣人的德性就是实行无为而治（不用智慧），无为而治也就是顺应自然，所以圣人的德性也是体现了道的德性的。

天地万物的德性，则与宇宙本原—道的德性是有区别的。天地万物各有各的德性，天不同于地，地不同于一般的物，物亦不同于人，物与物之间、人与人之间又各有所不同。然而，虽每一事物皆有自己的德性，但其来源却是共同的，即都是获得了宇宙本原——道的结果。所以说："德者，得也。"（《管子·心术上》）得什么？得道者也。得到了"道"而形成为自己的本性。以此老子说："天得一以清，地得一以宁，神得一以灵，谷得一以盈，万物得一以生，侯王得一以为天下贞。"（《老子》三十九章）贞即正，正，君长也。这里的"一"就是指的"道"。天能清、地能宁、神能灵、谷能盈、侯王能成为君长，皆是由于他们各自都得到了"道"的结果。

如果他们得不到"道",天恐怕就会破裂,地恐怕就会崩塌,神恐怕就会失去灵性,深谷恐怕就会涸竭,侯王恐怕就会失败("天无以清将恐裂,地无以宁将恐发,神无以灵将恐歇,谷无以盈将恐竭,万物无以生将恐灭,侯王无以为贞将恐蹶")。所以"道"生出万物之后,万物仍将要"复守其母",而不能失去"道"。"天下有始,以为天下母。既得其母,以知其子;既知其子,复守其母,没身不殆。"(《老子》五十二章)然而怎么样才能守住母(母即道)呢?这就要使自己的行为同于得道的行为,而不能同于失道的行为。"得道"的行为实就是符合"道"的行为。违背了道,也就会失掉道,而使自己缺失了德性("缺德")。以此可以说,道是万物德性之来源。

三、主静论——以静制动的动静论

老子认为,宇宙本原——"道"的存在状态是静止的,道所产生的万物的存在状态则是运动的。因为它虽生养万物,却并不宰制万物,随顺万物自然地生长,所以它并不要有所动作、有所作为,永远保持着自己虚静的状态。这就是"道"微妙的德性。万物则与道相反,每时每刻地都处于运动之中。"飘风不终朝,暴雨不终日。孰为此?天地,而弗能久,又况于人乎?"(帛书《老子·道篇》)万物处于千变万化之中,不可能永恒，所以万物是变动不息的。但万物的运动最终又都有一个归宿的地方，"夫物芸芸，各复归其根，归根曰静，静曰复命，复命曰常"（《老子》十六章）。这是说，万物众多而且生长茂盛，但各自又都要复归于它的最后的根源。复归到最后的根源，就是要回复到静止的状态。达到了静止的状态，就是回复到性命之所在。回复到性命之所在，这就叫做回到了自然的常态。由此可见，万物皆是最后要回到自然的常态，即道的静止状态。在这里静是根本的、永恒的，动则是非根本的，不是永恒的。这就是老子的主静学说。

老子还讨论了动与静两者的关系问题，认为动本身不能制止动，只有静才能制动。所以老子说："重为轻根，静为躁君。"（《老子》二十六章）义说："静胜热，清静可以为天下正。"（《老子》四十五章）静能战胜急躁，静能战胜炎热，清静无为而治可以成为统治天下的君长。老子在动静关系上是主张以静制动的。以此，在政治上他提出了君主无为的统治理论。

四、无为论——圣王论

无为思想在老子哲学思想体系中，占有十分重要的地位。无为是宇宙本原——"道"的根本法则，是道的德性（玄德）

的主要内容。老子说:"人法地,地法天,天法道,道法自然。"(《老子》二十五章)这里的"自然"就是指"无为"而言的。所谓"无为"即是指无目的的、无意识的、无作为的、无欲望的,即是说"道"是无为顺应自然的。正由于道是无为的,所以万物才得以自然地成长、长大。以此说,道又是无为而无不为的。

道的德性是无为的。人间具有最高德性的圣人是体现了道的德性的,因此圣人也应当是无为的。老子所讲的圣人,是他理想中的人间最高统治者(君王)。所以老子讲圣人实行无为而治就是讲君王(或侯王)的统治思想,后人常把老子的无为思想看作是"君人南面之术"是有道理的。老子说:

静胜热,清静可以为天下正(正即长也,指天下的统治者)。(参见《老子》四十五章)

圣人之言曰:"我无为而民自化,我好静而民自正(正,指正道、正直而言),我无事而民自富,我无欲而民自朴。"(参见《老子》五十七章)

圣人处无为之事,行不言之教。(参见《老子》二章)

上德无为而无不为。(参见《老子》三十八章)

老子认为,只有在上的统治者自己实行清静无为而治,不扰乱下民，在下的老百姓才能自己安定，不作乱子，归于素朴纯真，从而达到社会的治理，即达到所谓"无为而无不为"的目的。在老子看来，老百姓之所以难治，就在于民多"智慧"的缘故，所以他说："民之难治，以其智多，故以智治国，国之贼；不以智治国，国之福。"（《老子》六十五章）老百姓的智慧多就不好治理，统治者治理老百姓不能用智慧。不然的话，下民是会仿效你的智慧来犯上作乱的，只有"不以智治国"，才是"国之福"。

天下多忌讳而民弥贫。民多利器，国家滋昏。人多伎巧，奇物滋起。法令滋彰，盗贼多有。（参见《老子》五十七章）

故此圣人治理国家决不能再用智慧，只能采取清静无为的做法。老子说："治大国若烹小鲜。"（《老子》六十章）小鲜，即指小鱼。治理大国就应当像烹煎小鱼一样。烹煎小鱼，"不可扰，扰之则鱼烂"，"治大国者，当无为，为之则民伤"（范应元《老子》注）。为此老子提出了治理天下的最好的原则是莫如一个"啬"字。"治人事天，莫如啬。"（《老子》五十九章）《说文通训定声》："啬字本训当为收穀，即啬之古义也。"故啬有收藏、爱惜之义。所以《韩非子·解老》："啬之者，爱其精神，啬其知识也。""啬"在这里即是指爱惜精神，不用或少用智慧，实行无为而治的意思。依照老子的说法，只有爱养精神实行无为而治，才能做到与宇宙的本原"道"的德性一样，才能具有"无不克"的力量。这才是治国的"深根固柢、长生久视之道"（《老子》五十九章）。"圣人恒无心，以百姓之心为心"，也就是自然地顺应百姓而已。"圣人在世上，心无所适莫，与天下人浑同其心。百姓皆用其耳目聪明，圣人皆闭其耳目而不用。"（"圣人在天下，歙歙[王弼注：'心无所主也']为天下浑其心。百姓皆注[注，用也]其耳目，圣人皆孩之[孩即阂，外闭也]。"）（《老子》四十九章）

老子所说的无为而治，是否真是要求最高的统治者圣人什么事也不做，整日拱手静默呢？也不是。

其一，老子的无为而治，是针对儒、墨、法诸家所提出的"有为"政治而发的。儒家崇尚礼治仁政；墨家重尚贤政治；法家推崇法治。依老子看来这些都是违背了人的自然本性的人为政治。正是由于这些人为的政治，才使得老百姓失去了原初的纯朴而成为狡诈之民，为此老子才提出顺应自然本性的无为政治：

> 不尚贤,使民不争。不贵难得之货,使民不为盗。不见可欲,使民心不乱。是以圣人之治,虚其心,实其腹,弱其志,强其骨。常使民无知无欲,使夫智者不敢为也。为无为,则无不治。(参见《老子》三章)

在这里,老子明确地看到了智慧文明所带给人类社会祸害的一面,希望能够返古还朴,希望老百姓能够回到"见素抱朴,少私寡欲,绝学无忧"的古朴时代,足有其合理的一面。但这显然是一种不现实的幻想,是不可能实现的。社会总是进步的,历史不可能开倒车。

其二,老子的无为政治,还包含有一个重要的原则,即要求统治者表示出谦虚的态度,时时处于谦下的地位,坚持与人无争的思想,既要无为就不要敢为。要做到"勇于不敢",就要敢处于人下或人后,而不要事事处处走在人的前面("不敢为天下先"),或站在人之上面("以其善下之"):

> 江海所以能为百谷王者,以其善下之,故能为百谷王。是以欲上民必以言下之,欲先民必以身后之。是以圣人处上而民不重(指重负),处前而民不害。是以天下乐推而不厌。以其不争,故天下莫能与之争。(参见《老子》六十六章)

这就是说，统治者只有表示谦下待人，才能得到人们的拥护，只有"礼贤下士"，才能得人用人。当然自己处处表示谦虚待人就不会与人发生竞争，不与人争，人们也就不会与你相争。这些便是圣人的美德。这也就是所谓"不敢为先"而能"成其先"，"无为"而能"无不为"的道理。

在处理诸侯国之间的关系上，老子说：

大国者，下流。天下之交，天下之牝。牝常以静胜牡，以静为下。故大国以下小国，则取小国。小国以下大国，则取（帛书本作取于）大国。故或下以取，或小而取，大国不过欲兼畜人，小国不过欲入事人，夫两者各得其所欲，大者宜为下。（参见《老子》六十一章）

这即是说，大国就像处于水的下流，就像天下的母类一样。母类常以静胜过公类，因为她清静处下。大国对待小国应当自表谦下，只有自表谦下，大国才能得到小国的归附。反之，小国对待大国也只有谦逊，才能得到大国的宽容。或者以谦下取得小国的归附，或者以谦下取得大国的宽容。大国不想过于兼并小国，小国不想过于侍奉大国。这样就可各得其所欲，大国居于谦下的地位是最为适宜的。

其三，老子的无为学说中，也包含有"有为"的方面。这个"有为"是指"少为"或"小为"能办成大事，依老子看来这个有为不仅不违背无为的原则，而且是无为思想的一个重要补充。

欲图解决难事，当于容易事做起；要作大事，当于细小事下手。天下的难事必从容易事作起，天下的大事必从细小事作起。因此圣人始终不为大事，正由于这样，所以能成就其大事。（参见《老子》六十三章）

安静的东西容易保持。尚未有征兆迹象的东西容易谋得解决。脆弱的东西容易破裂。微小的东西容易散失。未有之时就得作预防。未乱之时就要着手治理。合抱的大树生于毫末般细小的树苗。九层的高台起于筐土。千里的路程，必须从脚下一步一步开始走起。所以强为从事必将失败。（参见《老子》六十四章）

在这里，老子认识到，要治理好社会，要实行无为而治天下，统治者不能什么事都不为不做。这便是老子无为思想中的积极有为思想的一面。要在容易为的时候抓紧作为，就能达到事半功倍的目的。要为于"未有"之时，治于"未乱"之时。

只有这样才能用"小为"收到大的效果。圣人"终不为大",最后却能"成其大"。老子的这种思想是十分深刻的,且充满着辩证思想。这种思想与他的无为政治似尚无多大矛盾。至于争夺天下而用兵打仗这样的"大为",老子也并不完全否定,认为圣人在不得已的情况下是可以这样做的("兵者不祥之器,不得已而用之")。

老子的政治理想是想建立一种"小国寡民"的社会。这是由于老子看到了文明进步与人类智慧所带来的罪恶,即奸伪欺诈与日俱增,因此他主张把人类社会重新拉回到"纯朴"的原始时代去,并且他还描绘了理想社会的蓝图:

国家小,人民少,虽有士卒的兵器,然而并不运用。使老百姓十分看重死亡和搬迁的事。有船有车而没有必要去乘坐,有盔甲、有兵器而没有必要去陈列,使老百姓恢复用古代结绳记事的办法而不用文字。使他们懂得以粗食为甜,粗衣为美,简陋的习俗为乐,茅茨做屋为安。邻国可以互相看得见,鸡犬之声可以互相听得到,然而老百姓之间却直至老死也不相往来。(参见《老子》八十章)

在这里,老子描绘了一个与世隔绝的原始的蒙昧的社会,表述了老子对于古朴的社会与质朴的初民时代的向往。但这种向往，毕竟是一种倒退的、保守的、反历史主义的空想而已。

五、柔弱论——以柔克刚的策略论

《吕氏春秋·不二》称："老聃贵柔。"这一评语是符合老子思想的。老子主张"无为以取天下"，"无为以治天下"，想用很少的力量，甚至不花力量，而能办成大事，达到无不为目的，而反对用强大的力量与自己的敌人作硬拼的斗争。老子极力推崇柔弱的力量，为了说明柔弱能战胜一切强大的东西，老子说：

> 人活着的时候身体是柔弱的，人死之后躯体就变得僵硬了。万物草木生长的时候是柔弱的，待到它们死亡以后就成为枯槁的了。所以说：坚强的是属于死的一类，柔弱的是属于生的一类。因此，兵器锐利了反而不能战胜敌人，树木长壮了就会最终结束生命。所以强大的处于下，柔弱的反居于上。（参见《老子》七十六章）

这即是说，不论人体还是草木，坚强了反而会走向死亡，只有柔弱者，才真正具有生命力。自然界和人类社会中，确实存在着这样的现象：初生的婴儿，虽说柔弱，但他是最富有生命力的；初生的树木花草，虽说幼嫩，但它们的生命力是最旺盛的。老子要求事物永远保持柔弱，而不要发展壮大，认为壮大了就会老死的（"物壮则老，谓之不道〔指失掉了"道"〕，不道早已"），这是不可能的，且违背事物发展的规律。

老子提出柔弱胜刚强的思想，主要是用这一原则来解决社会斗争的问题，可以说是老子提出来的一种参与社会斗争的策略原则。老子想少花或者甚至不花力量就能达到夺取和治理天下的目的，并且为了实现这一原则老子还准备了一系列具体的斗争策略。其主要几点是：

（一）"不敢为天下先，故能成其先"

老子主张不论在政治斗争和军事斗争中，都必须采取"后发制人"的原则，认为只有"不敢为天下先"才能"成其先"。这就是所谓的"以守为攻"的策略。《庄子·天下篇》说老子"人皆取先，己独取后"，荀子说老子"有见于诎，无见于信（即伸）"（《荀子·天论》）。确实，老子主张"后"而不主张"先"。他反对先发制人，反对采取主动出击的方针。他引用古代兵家的话说："用兵有言曰：'吾不敢为主而为客，不敢进寸而退尺。'"（《老子》六十九章）这句话的意思是说：在作战中我不敢进攻，而可防守；不敢先前进一寸，而可先后退一尺。因此，老子极力主张在战争中要采取小心谨慎的态度，坚决反对轻敌盲动的做法。他说："祸莫大于轻敌，轻敌几丧吾宝。"（同上）这里所说的"宝"就是指"不敢为天下先"的这一原则。他的结论是："勇于敢则杀，勇于不敢则活。"（《老子》七十三章）只有"不战"而"善胜"的，这才是最善于用兵的人。老子的这种"不敢为天下先，而能成其先"的策略，主张谨慎小心，反对轻敌盲动的思想是有其合理的内容的。在一定条件下，采取后发制人的做法也是有可取之处的。不过，是后发制人还是先发制人，都要取决于当时的条件。不加分析地一概持后发制人的做法，这样往往反而会使自己失去有利的条件，而陷入被动挨打的局面。

"不敢为天下先，而能成其先"的策略思想，用于政治斗争上，老子主张统治者治理国家亦要采取"后其身"的做法。他认为侯王必须表示处于谦下的地位而"自称孤家寡人"，圣人必须"常无心，以百姓之心为心"，"能辅（辅助）万物之自然，而不敢强为"，只有这样，统治者（侯王、圣人）才能统治住人民。老子说：

圣人说："能容纳得了国家中污浊东西的人，就能成为

一国之主；能容纳得了国家中不吉祥的东西的人，就能成为天下之王。"正面的话好像说反话一样。（参见《老子》七十八章）

江海所以能为百谷之王，就是由于它善处于下流的原故，圣人要想居于老百姓之上，他的言谈就必须表现出谦逊卑下；他要想处于老百姓之先，他就必须表示出自己是先人后己。（参见《老子》六十六章）

因此，圣人退己进人而自己反而能在众人之先，置自身于度外而反能得到自己的生存。这岂不是由于他们能做到无私吗？所以最后却能成全他的私。（参见《老子》七章）

所有这些，就是老子为最高统治者所提供的一套"君人南面之术"，即君王统治的策略。这种柔道政治，对于巩固君王的统治，显然是十分必要的。至于老子告诫统治者要做到自谦，容纳得人，做到"自知之明"、不居功自傲（"自矜者不长"，"自伐者无功"）、不自以为是（"自是者不彰"、"自见者不明"）等等，更是很有一番见地的。

（二）"将欲夺之，必固予之"

老子认为要做到"柔弱胜刚强"，必须切忌与强大的敌人作硬拼的斗争，而应迂回曲折地争斗。他说：

将想要收翕它，必须先张开它。将想要削弱它，必须先要强壮它。将想要废弃它，必须先要兴办它。将想要夺取它，必须先要给予它。这是个微妙的道理。这就是所谓柔弱胜刚强。（参见《老子》三十六章）

收翕、张开、强弱、废兴、夺予，本来他们都是相反对立的东西，然而又都是可以相成的。要想收翕它，就要先扩张它；要想削弱它，就需要先加强它；要想去掉它，必须先增加它；要想夺取它，必须先施给它。这里包含着很深刻的辩证法的道理。老子哲学中所以能有丰富的辩证法思想，是与他研究了这些斗争策略思想分不开的。老子把这些辩证的道理叫做"微明"（微妙的智慧）。老子认为根据这些"微明"的道理办事，就可达到"柔弱胜刚强"的目的。从这里看来，老子处处是站在一个弱者的立场说话的，他为弱者提供了斗争的策略。以此可见，老子所代表的社会势力，当时是一个力量弱小的阶级，很可能是反映了那些接近下层、民间的士人（下层知识分子）的思想愿望的。

（三）"曲则全"

老子主张弱者要战胜强者，还应采取以曲求全，以屈求

第一章　道家创始人老子及其思想

伸的策略。他说：

曲则全，枉则直，洼则盈，敝则新，少则得，多则惑。（参见《老子》二十二章）

只有曲、枉、洼、敝、少，才能达到全、直、盈、新、得。这就是所谓"曲能成全"（"曲全"）的道理。正由于能曲，所以才能成全。反之则相反，"积累盈满，不如止息。锻得锐利，不可长保。金玉满堂，不能守藏。富贵而骄傲，就会给自己留下灾殃。所以成就了事业就得告退，这是自然的道理。"（《老子》九章）在这里，老子深知"物极必反"的道理。老子为了防止事物向相反方面的转化，便极力反对走极端，反对任何过分的行为。他认为，盈满了反而不如不盈满为好，锻击得过分锐利反而不能长保，金玉满屋反而不能守藏，富贵了骄傲了反而会给自己留下灾祸，因此功名成就了，就得引退。他主张为了能最终成全事业，必须常常使自己处于虚曲之处。所以，老子总是告诫统治者要守雌、处垢、以贱为本、以下为基，只有这样，才能做到曲则全，成就其大业。

老子的以曲求全的思想，也充满着辩证的思想方法，是有其合理的内容的。但是，守曲处下并不一定能成全大业。

因为曲转化成全是要有一定条件的。其条件之一，就是曲者敢于夺得胜利，敢于斗争的精神。然而老子却并不重视这点，且常常宣扬"无争"的思想，主张曲者放弃斗争，这说明老子所代表的"弱者"斗争意志有所衰退，这样就不可能获得最后的胜利，"曲"也就不能转化成"全"。在这里，老子的思想有其一定的缺陷。

六、相反相成论——辩证论

老子确实是中国古代一位伟大的辩证法大师，尤其在他提出的治理社会国家的方略中，无为而无不为的政治思想与以柔克刚的策略思想，表现得尤为突出。老子天才地认识到了事物对立双方(即矛盾两方)的互相依存与互相转化的关系，即相反相成的原理，提出了许多富有辩证思想的哲学命题。

首先，老子认识到了相反的东西反能互相依存的道理，对立的双方并不是绝对排斥的、互相隔裂的，而是互为存在条件的。如老子说：

天下皆知美的东西为美,这就一定有了丑的东西存在了。皆知善的东西为善,这就一定有了不善的（即恶的）东西存在了。有、无的相互生成,难、易的相互成立,长、短的相

互形成，高、下的相互包含，音、声的相互和调，先、后的相互随从，这都是永恒如此的。（参见《老子》二章）

所以贵必须要以贱为根本，高必须要以下为基础。（参见《老子》三十九章）

其次，老子还进一步认识到矛盾双方所以能互相发挥作用，也是各以其对立方面的存在为前提条件的：

三十根辐条同汇集于一根插轴的圆木上，正由于圆木中有空间（有空间才能插轴），所以才有车的作用。烧土坯而制作器皿，正由于器皿中有空间，所以才能有土制器皿的作用。开凿门窗建成房室，正由于屋室中有门窗空间的地方，所以才能有屋室的作用。（参见《老子》十一章）

同时老子还提出对立的双方还有互相资助的关系的思想。对于这点，老子是用道德品质上的善人与不善人之间互为师资的道理来加以说明的：

善人者，不善人之师；不善人者，善人之资。（参见《老子》二十七章）

善人与不善人，这本来是互相排斥、互相对立、极不同一的两种人，老子却能看到他们之间的互相联系、互相资助的关系，不仅善人可以成为不善人的老师，而且不善人也可成为善人的资助者。在这里，关键在于善人能否吸取不善人的教训作为自己的借鉴。这是何等深刻的辩证思想，在两千多年前的古代，就能提出这一思想，确实是难能可贵的。

老子不仅考察了矛盾的双方互相联系、互相依存的关系，而且还看到了对立的双方并不是凝固不变的，它们是可以互相转化的。所以老子说："反者，道之动。"向相反方面的转化是宇宙本原——"道"的运动的结果，是宇宙的法则。

老子不仅看到了矛盾双方转化的关系，而且还认识到了这种转化需要有量变，即逐渐的细小的变化的积累，才能造成转化，因此转化并不是一蹴即就的，而是质变（转化）需要有量变的准备，由量变引起质变的规律。在这里，老子对这一由量变引起质变的规律是有一定的认识的。

基于对量变引起质变的认识，老子还讨论了"物极必反"的思想。老子认识到事物一旦发展到极端就会向相反方面转化的道理。因此，为了保持事物的稳定，不使其向相反方面转化，老子主张要适可而止，要懂得"知足"的道理，不应过度地追求，过度追求，好走极端就会适得其反。

七、涤除玄鉴论——直觉认识论

与主静思想密切相联系,老子在认识论上提出了静观的直觉主义的思想。既然老子把世界的本原"道"看作是无形无象的绝对虚静的东西,因此老子认为人们要把握住"道",就不能通过感觉和理性思维来认识,如果必须要通过感觉与思维这些认识活动来认知,这就违背了道的绝对虚静的本性。所以对道的把握不能通过正常的认识途径,只能通过使自己的心境保持绝对虚静的状态,使之达到与道合一的境地,即所谓与道同体时才能把握(或称领悟或体悟)。对道的认识与对一般事物的认识方法是迥然不同的。所以老子说:"为学日益,为道日损,损之又损,以至于无为。"(《老子》四十八章)这即是说,求学一天比一天会增加知见和情欲,求道则一天比一天要减少知见和情欲,减少又减少,一直要减到无为无欲的境地。按照老子的观点,为学求取具体事物的知识是属于"加"的方法,越学知识越多,而求道则是"减"的方法、"负"的方法,需要把已有的知识全部减掉。这是因为为学知见越多,情欲也就越大,这就越来越远离了"道",与"道"背道而驰了。只有用"减"的方法,使自己的知见情欲一天比一天少,少到无知无欲的地步,才能与道合一而把握到"道"。这种清扫知见和情欲,直至使心境保持住绝对虚静的状态,就叫做"涤除玄鉴"的方法。"涤除"就是指扫除干净。鉴,即镜,这里指心犹如照物之镜。"涤除玄鉴",即指扫除玄妙的心镜。这种扫除包括两方面的内容,既要扫除一切感觉,舍弃自己的耳目聪明,闭塞五官使之不用,同时又要清除一切思虑,舍弃一切思维活动,使心境保持住绝对虚静的状态。老子认为,只要做到了这些,就可与道合一("玄同"),成为得道的人。老子的这一思想是一种静观的直觉主义的认识论思想,带有非感性非理性的神秘色彩。但从某种意义上说,它也是一种强调自身的体验的认识方法,使自己与对象合二为一,从而领会到真谛。这种体验法在人的认识活动中也是有的。人们在日常生活中往往就是靠自身的亲身体验来领会生活,这种体验当时并不要靠逻辑的思维,而是一种直接的感受和把握(身临其境中的感受)。但这种体验是建立在平日的感觉与理性思维的积累基础之上的。老子要求抛弃一切感觉与思维而主张直接体悟则是不可能做到的。

八、素朴、谦下论——伦理价值论

对老子的伦理道德方面的思想,有些学者由于只看到老子反对儒家的礼乐仁义思想,就认为老子是反对一切伦理道德观念的，是否定道德价值的人，其实并非如此。老子的道德思想，是与他在宇宙本体论上宣扬的"道"与"德"的性质，即无为、无欲、质朴、谦下等思想相一致的。老子认为，具有最高人格的圣人的德性（亦称为"玄德"）就是体现了宇宙本原的"道"的这些性质。因此，他所主张的道德原则主要是：敦厚、素朴、谦虚、处下、少私寡欲（或无欲）等思想。

（一）主张敦厚素朴，反对浮华轻薄

这是老子的一个重要的道德原则。在老子看来，当时社会之所以纷争不息、动乱不定，就在于人们抛弃了大道的纯朴，失去了自己原初的素朴的本性，从而使巧伪浮华滋生的结果。老子说：

失去了"道"之后有"德"，失去了"德"之后有"仁"，失去了"仁"之后有"义"，失去了"义"之后有"礼"。"礼"这个东西是忠信的衰薄，世乱的祸首。无根据的臆测（指"巧伪"），乃是"道"的表面浮华的现象，是愚蠢的开端。因此大丈夫处身于敦厚，而不处身于轻薄；处身于朴实，而不处身于浮华。所以舍去轻薄与浮华，要的是敦厚与质朴。（参见《老子》三十八章）

老子认为轻薄浮华的礼义和无根据的臆测（巧伪）是"世乱的祸首"、"愚昧的开端"，是一些要不得的东西，只有朴实无华、"见素抱朴"才是人类的美德。因此他认为作为最高人格的圣人，就应当是如外表简陋而内怀美玉（"被褐而怀玉"）一样的敦厚朴实的人。确实，敦厚朴实应当成为人类的美德，但是老子又把无知无欲的婴儿说成是最敦厚朴实的人，要人们回到婴儿无知状态中去，这又是十分偏颇的观点了。婴儿确实天真自然决无轻薄浮华的东西，但敦厚朴实并不就是要求人们都要回到无知状态中去，成为愚民。

（二）主张谦虚处下，反对骄傲自大

这是老子提倡的又一个人类的美德。老子说：

圣人只求自知而不好自我表现，只求自爱而不自显高贵。所以舍去后者而取前者。（参见《老子》七十二章）

自以为是的，反而不得自明。自以为有见识的，反而不聪明。自我夸耀的，反而得不到成功。自高自大的，反而不能成为众人的首领。（参见《老子》二十四章）

这就是说，圣人应该谦虚、谨慎，来不得半点骄傲，就是有了成绩也不能"居功自傲"，骄者必败。老子又说：

贵必以贱为根本，高必以下为基础。因此，侯王自称是"孤"、"寡"、"不善"的人，这难道不是以贱为根本吗？所以最高的荣誉是无须夸誉的，因此不愿意像玉那样美，也不愿像石那样坚。（参见《老子》三十九章）

人之所厌恶的，就是"孤"、"寡"、"不善"，而王侯却用来称呼自己。（参见《老子》四十二章）

王侯应以谦下为本，故自称"孤、寡、不穀"，一个人外表上不需要追求那样的华丽，所以圣人总是表示自己处于谦下的地位，而不表现自己，永远保持自己的谦虚的美德。

（三）主张"少私寡欲"，反对自私多欲

这是老子提出的又一个道德原则。老子认为，人们的私心多了，欲望多了，就会产生社会的纷争，只有少私乃至无私、寡欲乃至无欲，才能使社会安宁。所以老子提倡少私寡欲，反对自私多欲，认为这样才符合道德的原则。老子说：

罪恶莫大于多欲，祸害莫大于不知足，罪患莫甚于贪得，所以知道满足而止的人，永远是满足的。（参见《老子》四十六章）

少私寡欲。（参见《老子》十九章）

只有少私寡欲，自己懂得有欲望满足的时候才能永远得到满足。如果追求多私多欲，那么任何时候也是不会得到满足的。所以作为最高人格的圣人来说，他应是无私、无欲的，正由于他能无私无欲，能为大家，而最后反而能成就他自己的私，成为天下的统治者。老子说：

  圣人没有自己私积的东西，尽用来帮助别人，而自己反而越有；尽送给别人，而自己反而越多。（参见《老子》八十一章）

圣人无私，最后却成就了他自己的私，无私与私是可以互相转化的，这符合辩证法。但老子又似把无私看作是达到私的一种手段，这仍然是私的一种表现。所以老子的道德原则并不是"大公无私"的，而是"大公有私"的。

第二章　道家学派在战国时期的发展

春秋末年老子创建了道家学派之后，孔子相继创建了儒家学派，稍后，墨子又建立了墨家学派。随着时代的推移，各学派内部发生了分化，其时"儒分为八，墨离为三"（《韩非子·显学》）。道家学派也不例外，在战国时期同样分成了许多派别。其中影响较大的有杨朱学派、列子学派、庄子学派和黄老学派等。它们对老子的道家思想各自作出了不同的发挥。

第一节　杨朱学派

杨朱学派的创始人是杨朱。关于他的生平我们知道得很少。他的主要活动年代大概在孟子之前的战国前期。《孟子·滕文公下》说："天下之言，不归杨则归墨。"可见在孟子时代，墨子和杨朱的思想影响很大，因此孟子从维护儒家思想出发，要以"辟杨墨为己任"。《庄子·应帝王》说："阳子居见老聃。"《寓言篇》说："阳子居南之沛，遇老聃。"《释文》说："阳子居姓杨名朱，字子居。"照《释文》所说，那么杨朱就是阳子居，他曾见过老聃，与老聃切磋过学问。这大概也在春秋末年或战国前期。

杨朱的中心思想是"为我"主义。《孟子·尽心上》说："杨子取为我，拔一毛而利天下，不为也。"这即是说，杨朱主张"为我"主义，只要拔他身上一根毫毛就能大利于天下的好事，他也是不肯干的。这正与墨子的兼爱天下思想相对立。杨朱不愿意牺牲自己身上的一根毫毛，因此他的"为私"主义，实是"重生"（重视生命）的思想。故韩非称他是"轻物重生之士"（《韩非子·显学》）。《吕氏春秋·不二》则称"阳生贵己"。这里的阳生就是指杨朱，贵己就是重生为我的意思。杨朱的思想留下来的资料很少，但在《吕氏春秋》的《本生》、《重己》、《贵生》、《情欲》、《审为》等篇，却保存了不少重生、贵生方面的思想，我们可把它看作是杨朱这一学派的思想资料。"贵生"之"生"就是指生命，生命的根本是身体，杨朱学派认为生命是最重要的，因此一个人特别要重视保养生命，也就是要讲究养生。《吕氏春秋·本生》说：

"物也者，所以养性（性即生）也。"外物是用来养生的。"生"如何养呢？养生就是要使人的生活欲望得到适当的满足。《吕氏春秋·贵生》说："所以全生者，六欲皆得其宜也。所谓亏生者，六欲分（高诱注：半也）得其宜也。"六欲（生、死、耳、目、口、鼻六欲）全能合宜地得到满足是"全生"，六欲半得其宜者是亏生。而最差的是"迫生"。"所谓迫生者，六欲莫得其宜也。"六欲都不能得到合适的满足，这就是"迫生"。亏生对身体有亏，迫生则不如死亡，因此人人应当争取"全生"。这种"全生"思想显然是对杨朱"重生"思想的发挥。

在《列子》书中有一篇叫《杨朱篇》的，其名虽称作为"杨朱"，但并不全是杨朱的"重生"学说，而是对杨朱思想加以改变发挥而成的，可以说是杨朱学派中另一支派的思想。《杨朱篇》说："古之人损一毫利天下不与也，悉天下奉一身不取也。人人不损一毫，人人不利天下，天下治矣。"这是说，古代人对于损害自己身上一根毫毛就可造福于天下的事是不做的，用尽天下的东西来奉侍一个人这样的事也是不干的。照这样说，人人皆自为而不为人，同时也不损害人，这样天下就治理了。就人人皆自为、自重、"不损一毫"而言，《杨朱篇》的这一思想是直接来自于杨朱学说的。但杨朱主张养生，要求欲望能得到适当的满足，认为这样做才能"全生"，而并不主张纵欲肆情,纵欲肆情则反而会丧生,因此要求爱惜生命("重生")。然而《杨朱篇》则主张"恣耳之所欲听,恣目之所欲视","恣口之所欲言,恣体之所欲安,恣意之所欲行","为欲尽一生之欢,穷当年之乐"。也就是说《杨朱篇》在养生问题上提出了不同寻常的看法,它认为只要得到肆情纵逸就是养生,而不在于年寿的长短,能肆情纵逸的就是只活了一天、一月、一年,就都是养好生了。反之,不能纵逸,虽"久生,百年,千年,万年,非吾所谓养也"。由此可见,《杨朱篇》的思想已经与杨朱的"全生"、"贵己"思想相距甚远了,很可能是杨朱学派的后学所为,他们的思想已经背离了原先的杨朱学说。

至于杨朱学派与老子道家思想有何关系以及为什么人们把杨朱学派看作是属于道家的学派?我们尚很难作详细的考定。但我们只要对老子思想与杨朱思想稍加比较就可看出,他们两者之间是有一定的联系的。虽说老子书主要是讲政治和哲学问题的,但同时也讲了摄生、养生的问题。例如老子说:"听说善于保护生命的人,行于山陵不用避开犀牛与猛虎,入于战阵刀枪不入。犀牛无可使用其角,猛虎无可施展其爪,战刀无可发挥其锋利的刃。这是什么缘故呢?这是由于他不入于死地。"(《老子》五十章)不入危地不入死地就可保护住自己的生命,这是对保护生命而言。至于养生方面的问题,老子说:"名声与身体哪一个更为亲近呢?身体与财货哪一个更为贵重呢?得到与失掉哪一个是祸害呢?过分的珍爱必有更大的耗费,过多的收藏必有更大的损失。所以知道满足就不会受到侮辱,知道适可而止就不会造成危险。只有这样才可以长寿久安。"(《老子》四十四章)这即是说,养生的原则就是欲望要适可而止,要懂得"知足"的道理。就这点来说,杨朱派的"六欲皆得其宜"与老子的"适可而止"的思想是十分相近的。老子还提出"治人事天,莫若啬"的原则。啬即是指爱惜精神,少费精力,也就是要使自己的精神常保持虚静的状态,不要过多地耗伤心神。老子的这一思想也为杨朱学派所继承。《吕氏春秋·情欲》说:"古人得道者生以长寿,声色滋味能久乐之。奚故?论早定也。论早定则知早啬,知早啬则精不竭。"意思是说,古代得道的人,生命能长寿,这是因为他早懂得了保持生命的道理,这个道理就是早早地懂得爱惜自己的精神,这样精神就不会衰竭。很明显,这里所讲的道理,就是老子的"啬"的思想。由此可见,杨朱学派的思想确是对老子养生思想的继承和发扬。

如果说老子、杨朱等人所代表的社会阶级都是指下层知识分子的话,那么老子学派所代表的这些知识分子尚对社会政治颇感兴趣，还想用自己的思想来治理天下，很可能他们是刚从社会上层跌落下来的一批士人。至于杨朱学派所代表的知识分子，则已经对政治前途不感兴趣，他们只想明哲自保、怡养自己的生命就行了。杨朱所谓的"为我"、"全生"、"重生"之论，大概就是这些知识分子的思想反映。

第二节 列子学派

列子，名御寇，或名圄寇（《汉书·艺文志》）。生卒年不可详考。据《汉书·古今人表》所记，列子处于韩景侯与魏武侯之间。韩景侯元年（公元前四〇九年），魏武侯元年（公元前三九六年），可见列子属于战国前期人，所以《汉书·艺文志》中说："（列子）先庄子，庄子称之。"然而刘向《列子新书叙录》说："列子者，郑人也，与郑缪公同时，盖有道者也。"对此，柳宗元辨伪说："刘向古称博极群书，然其录《列子》，独曰郑缪公时人。缪公在孔子前几百岁，列子书言郑国皆云子产邓析，不知向何以言之如此？史记郑缪公二十四年，楚悼王四年，围郑，郑杀其相驷子阳，子阳正与列子同时，是岁周安王三年，秦惠王、韩烈侯、赵武侯二年，魏文侯二十七年，……鲁缪公十年，不知向言鲁缪公

第二章　道家学派在战国时期的发展

时遂误为郑耶？不然，何乖错至如是？"（《辨列子》）周安王三年（公元前三九七年），而鲁缪公（即穆公）应是九年。柳宗元的这一考证，正与《汉书·古今人表》所证大致相当，可见刘向叙录是把鲁缪公误作郑缪公了。

至于现存《列子》一书的真伪问题，曾经引起了学术界的巨讼。自柳宗元疑"其书亦多增窜非其实"之后，学者们纷纷对现存的《列子》书提出了怀疑，尤其是近现代学者如梁启超、马叙伦、杨伯峻等断定现存的《列子》书完全是一部伪书。当然也有一些学者不同意这样的看法，而持肯定的回答，如日本国学者武义内雄曾作《列子冤词》一文，为《列子》辩冤。又有我国学者严灵峰氏著《列子辩诬及其中心思想》一书，全面地为《列子》辩诬。现存的《列子》书是真是伪，这是一个需待认真研究的问题，严灵峰先生的著作举出了大量的材料批驳了把《列子》当作伪书的观点。从目前学术界的讨论中看来，断定它是全伪的观点恐怕理由不足。不管怎样说，现存《列子》仍是道家的一部典籍，它无疑保存了战国道家的一些著作，但也经过了后人（汉魏时人）的增改。

《列子》一书的中心思想，早在先秦著作《吕氏春秋·不二》中就把它概括为"贵虚"两字。确实"贵虚"思想是列子思想的一个很重要的特点。何谓"贵虚"？《列子·天瑞篇》说：

> 或谓子列子曰:"子奚贵虚?"列子曰:"虚者无贵也。"子列子曰:"非其名也,莫如静,莫如虚。静也虚也,得其居矣;取也与也,失其所矣。"

"虚"即是指"虚静",虚静才能符合自然的本性,热衷于得失予取也就失掉了自然的本性。这里的"虚静"主要是指一种精神的境界或状态,所以列子又常用"心凝形释,骨肉都融"来说明这一"虚静"状态。"心凝形释"即是指心意凝聚专一达到忘我(忘掉自己的形体)的境界,所以说这时的骨骸肉体全都融化了("骨肉都融")。这种境界也就是达到了物我双忘的境地,既"不知我之是非利害欤,亦不知彼之是非利害欤"。内外尽忘了,"不觉形之所倚,足之所履,心之所念,言之所藏(藏指言的涵义)。如斯而已"(《列子·仲尼篇》)。很显然,这种虚静的思想是来自老子,同时它又为庄子的"坐忘"、"心斋"的学说开了先河,可以说列子的贵虚思想是上承老子而下启庄子学说的,列子的贵虚说大抵与庄子相类同。

列子认为"心凝形释"的境界就是与宇宙的本原——"道"合一的境界。《列子·仲尼篇》引亢仓子的话说:"我体合于心,心合于气,气合于神,神合于无。"这是说,我的形体契合于心智，心智合于气（无思虑之气），气合于神（不识不知的精神），神合于虚静的道（"无"）。正由于不识不知的神符合了虚静的道，所以它能无所不知、无所不识。

那么宇宙本原的"道"（即"无"）又是怎样的一种存在物呢？列子认为：道是生化万物的，而它自己则不生不化。《列子·天瑞篇》："有生不生，有化不化。不生者能生生，不化者能化化。"有生即指有被他物产生出来的东西，这是指具体的存在物（万物）而言。不生是指产生万物的宇宙本原"道"，它是不能被他物产生的，是永恒存在的。它自身不生不化，然而它却能生化万物。列子还认为：具体的存在物都是有形的，而道是无形的，无形者产生有形者，道是一种没有任何具体规定性的存在物。所以列子把它称作是一种最简易的东西，名之曰"太易"。"视之不见，听之不闻，循（抚摩）之不得，故曰易也。"然而这种最简易的"道"（或称"易"）又是怎样产生出丰富多采的万物的呢？《列子·天瑞篇》说：

夫有形者生于无形，则天地安从生？故曰：有太易，有太初，有太始，有太素。太易者，未见气也；太初者，气之始也；太始者，形之始也；太素者，质之始也。气形质具而未相离，故曰浑沦。浑沦者，言万物相浑沦而未相离也……。

这里讲的是宇宙演化的过程，在产生天地万物之前，宇宙已经经历了四个发展阶段：第一阶段是太易，这是宇宙最初的本原，是一种无有形体无有迹象的存在状态（"易无形埒"）。第二阶段是太初，之所以称它为太初，因为它是"气之始"，产生了气。第三阶段是太始，太始指的是"形之始"，由气而演化出形体。第四阶段是太素，素指质素，太素是指有了质素的开端，在这一阶段上气不仅有了形状，而且有了固定的性质（素质），"气形质具而未相离"，所以又可称这一阶段为"浑沦"。因此在这个基础上，天地开始判分，万物开始化生，"（气）清轻者上为天，浊重者下为地，冲和气者为人；故天地含精，万物化生"（同上）。

列子的宇宙演化说，实是对老子"道生一，一生二，二生三，三生万物"和"天下万物生于有，有生于无"思想的进一步的发挥。列子继承了老子"有生于无"，有形生于无形的道的思想，同时又对老子的宇宙演化论作了新的阐述，列子讲的"太易"相当老子所讲的"道"，讲的太初相当于老子的"道生一"的"一"，但老子并没有讲太始为形之始和太素为质之始，列子所讲的浑沦是指"气形质具而未相离"的太素存在状态，这又是不同于老子把道当作为"混成之物"的。总之，列子把老子的宇宙生成论更加具体化、条理化了，并且明确强调了"气"在宇宙演化中的作用,这是列子对老子思想新的发展。

列子哲学的最终目的在于追求一种体道至人的人生境界。至人(即最高人格)的境界,依列子看来应当是这样的:"至人潜行不空(空疑应作窒),蹈火不热,行乎万物之上而不栗。""夫至人者,上窥青天,下潜黄泉,挥斥八极(奔放于四面八方极远之地),神气不变。"(《列子·黄帝篇》)至人是超越了存亡、得失、是非、利害等等。他犹如"病忘"(患了健忘症)一样,"荡荡然不觉天地之有无",从而能"大同于物","游乎万物之所终始"(即游于万物之本原"道")。列子的思想实是庄子齐物、逍遥思想的前奏曲。

第三节　庄子学派

庄子(约公元前三六九—前二八六年),名周,宋国蒙人。一说蒙地在今河南省商丘市东北,一说蒙地即今安徽蒙城。庄子曾做过蒙地方的漆园吏,常与名家大师惠施交游,为惠施的好朋友。家贫,曾借粟于监河侯。不愿做官从政。相传楚威王"闻庄周贤",曾派使臣"厚币迎之",并"许以为相",但遭到了庄子的拒绝(《史记·老庄申韩列传》)。"其学无所不窥,然其要本归于老子之言"(同上)。庄周的思想是发挥老子思想而来的,所以一般后人都把老庄并提。

前秦道家的第二位重要人物应推庄子,一般后人把庄子及其弟子的思想称作庄子学派,其主要代表著作就是《庄子》一书。《庄子》是战国中期至战国后期的道家论文集,其中包含有老子后学的著作(如《骈拇》、《马蹄》、《胠箧》、《在宥》诸篇),杨朱后学重生思想的著作(《让王》、《盗跖》、《渔父》诸篇)等,但主要是庄子及其后学的著作。然而以什么样的标准来判定《庄子》一书中哪些是庄子及其庄派的著作呢?我们认为最可靠的标准莫过于《庄子·天下篇》所概括的庄子思想了。《庄子·天下篇》是一部简略的自春秋末期至战国中期的哲学思想史著作。《天下篇》:"独与天地精神往来,而不敖倪于万物,不谴是非,以与世俗处。"前一句讲"神游",后几句讲处世而不辨是非。"上与造物者游,而下与外死生、无终始者为友。"上逍遥于物外,下不谴是非与世处。简言之,庄子的思想主要就是"逍遥"、"齐物"(齐是非、齐万物)四个字。以此我们可以用《天下篇》的这一标准来衡量《庄子》各篇,就可判定《逍遥游》、《齐物论》、《养生主》、《人间世》、《德充符》、《大宗师》、《应帝王》(即现存《庄子》的内七篇)、《秋水》、《至乐》、

第二章 道家学派在战国时期的发展

《达生》、《山木》等篇为庄子及其嫡传弟子所著，其他篇则为庄子的其他后学所作，其思想也较接近庄子的思想。所有这些篇目都可称之为庄子及其后学的著作，并可把它们统称为庄子学派。

庄子学派与老子学派、杨朱学派思想又有所不同。老子哲学很大部分是一种政治哲学，讲的是帝王南面之术；杨朱思想偏重于保生，所谓"全生葆真"，把一个人的形体生命看得比什么都重要；庄子学派则既不同于老子偏重政治，也不同于杨朱偏重形体生命，而强调的是个人的精神的自由豫逸，在于怡养精神，获得精神的"逍遥"自在，而不为外物所牵累。

庄子生活于战国中期，随着文明和智慧的大踏步前进，社会已为财富、贪欲、权势、虚伪、战乱……所统治，人"一受其成形，不化以待尽，与物相刃相靡，其行进如驰，而莫之能止，不亦悲乎！终身役役而不见其成功，苶然疲役而不知其所归，可不哀邪！"（《庄子·齐物论》）这就是说，人一旦禀受成人的形体，直至待到形体的耗尽，终生和外物相接触，互相磨擦，驰骋追逐于其中，而不能止步，这不是很可悲的吗？终生劳劳碌碌而不见得有什么成就，疲惫困顿而不知自己的归宿究竟在哪里，这不是很可怜的吗？对于这种无情的社会，庄子学派提出了强烈的抗议。他们在痛斥那些窃国诸侯们虚伪欺骗的同时尖锐地指出：那些盗窃国家的人不但没有遭刑杀，反倒成了诸侯，并且还说自己是什么行仁义的。因此庄子不愿与这些当权者同流合污。据《史记·老庄申韩列传》记载，庄子只做过宋国蒙邑漆园的一个小吏。有一次楚威王听说庄子是位贤能之士，曾派使臣用重礼聘请他当宰相，当时庄子笑着对使臣说：千金是重利，卿相是高位，但你是否见过祭祀用的牺牲？把它喂养长大，然后宰杀了披上丝绸，送入太庙用以祭祀，所以我宁愿像小猪一样游戏于污浊的沟泥之中自寻快乐，也不愿出去当大官而牵累自己。庄子一方面不愿出来做官，同时另一方面也感到自己没有力量来改变社会现实，最后只得走上了一条退隐自保之路。庄子是位有思想有才华的知识分子，他的自保并不像杨朱那样主张"为我"、"重生"，仅保护住自己的形体生命，而是要保护自己的精神，使之不受任何的干扰。庄子所追求的是想达到更高层次的精神的宁静、独立与绝对自由。《庄子·天下篇》称庄子是："独与天地精神往来"，即要追求精神上所谓"逍遥游"。为此，庄子主张要超越一切干扰精神宁静的因素，即要做到"物我双忘"，以保持个人精神的绝对的虚静与自由。庄子的整个哲学思想，就是围绕着这一人生目的和理想而展开讨论的。

一、论逍遥

庄子哲学的最高目的，就是要追求一个人精神上的逍遥（"绝对自由"）。现存《庄子》一书开首第一篇即是《逍遥游》篇。所谓"逍遥游"者，简言之，就是指超越了一切条件限制的一种"神游"，即精神完全的自由自在。庄子认为，凡是"有所待"（待，指凭藉、依赖而言）的"游"（"自由"），都是有条件的有限制的"游"。就是像列御寇那样自由自在随风而游也还是有所待的。列御寇不追求功名利禄而能"御风而行"，并能行了十五天后再返行回来，可说是够自由的了，但他虽可免于步行，随风而游，但毕竟还是有所依赖（即"有所待"）的，即是说还是要有赖于风，受到风的限制，没有风也就不能游了，因此列御寇也没有能得到"逍遥"。只有不受任何限制的"游"，才能称作"逍遥游"。这只能是超越了一切外物和超越了自我的人，才能达到。有外物的限制，精神就要受到外物包括自己形体的牵累和干扰。正如《老子》所说："吾所以有大患者，为吾有身及吾无身，吾有何患？"（《老子》十三章）有了身体，一个人的精神就要受到身体冷暖、饥饱、疾病等的干扰。所以外物中理应包括自己的形体在内。至于有了"自我"的存在,精神为什么也要受到"自我"的牵累?这里的"自我"主要是指一个人的感觉、思维、情绪、欲望、意志等的心理活动,以及是非、善恶、名利等的思想而言。例如有了是非、善恶观念的存在,就会产生"成见",产生是非、善恶之争。有了名利观念的存在,就会时时处处去争名夺利。所有这些全都会限制和干扰自己的精神宁静与自由。因此只有超越这个有限的"自我",才能获得无限的自由。《庄子·逍遥游》说:"至人无己"、"神人无功"、"圣人无名"。"无己"指没有偏执的"我见","无功"指无为而言,"无名"指没有名誉地位的观念。总之,一切随任自然,物我双忘,这就可以达到"逍遥游"——精神的绝对自由。

二、论道

得"道"逍遥说是庄子哲学中的一个重要思想。得"道"则逍遥。庄子的哲学本体论很明显是为他的人生目的和理想,即达到"逍遥游"而作论证的。因此庄子的道论是为他的逍遥论提供一个哲学本体论的理论根据。

庄子的"道"与老子讲的"道"一样,基本上是本体论上的概念。庄子继承了老子,也把"道"当作宇宙的本原。

第二章　道家学派在战国时期的发展

以"道"为宇宙本原的思想是整个道家学派的一个共同的特点。庄子学派是道家学派中的一个分派，在"道"的问题上，庄子一方面继承了老子的一些关于"道"的思想，另一方面又有与老子的"道"有所不同的讲法。庄子的道论可以看作是对老子"道"的思想的继承与发展。

庄子在《大宗师篇》中描绘"道"说：

道这个东西，是真实可信的，无为无形的。它可以用心领会而不可以口授，可以心得而不可以目见。它自为本自为根，没有天地之前，自古就已存在。它产生了鬼神和上帝，产生了上天和下地……它先于天地而存在却不算久，长于上古而不算老。

可见"道"是天地万物的最初本原。老子曾经讲到"道"是无形无名的存在物，并且讲了"天下万物生于有，有生于无"的"道"生成万物的过程。对此，庄子学派加以发挥说："万物出于无有，有不能以有为有，必出于无有。"（《庄子·庚桑楚》）"有"（指有形有象的具体存在物）最终不能自己产生出"有"来，必定最后产生于"无有"。这里的"无有"就是指的"道"。这样"道"就不仅是无形无象的东西，而且进一步成了"无有"（或称"无何有"）什么也没有的东西了。《庄子·知北游》还对"无有"用寓言的形式作了描述。《庄子》假托"光耀"（光线照耀，是指无形体而有迹象的东西）和"无有"两人的对话来说明"无有"的情况：

光耀问无有说："你是有呢？还是无有呢？"无有不回答。光耀无法再问，就观察它的状貌，空虚的样子，整天看它不见，听它也听不到，摸它也摸不着。光耀最后说："这是最高的境界了，谁能达到这一境界呢？我能达到'无'（指无形质）的境界，却还不能达到'无无'的境界啊！"

这里的"无无"境界就是"无有"的"道"的境界。它比"无"还要更高一层，光耀的"无"仅是指无形质，而无有（即无无）的境界更是超出了无形质的境界，达到了空无（"无所有"）的境界，这才是最高的"道"的境界。因此人们一般把庄子的哲学称之为虚无哲学，确是有其道理的。在这里，庄子一笔勾销了老子把"道"看成是物质性的"混成之物"的思想，从而向虚无哲学发展了去。

庄子之所以把老子的"道"解释为无有或无无的虚无哲学思想，是与他追求的人生目的——"逍遥游"密切相联系的。庄子认为，如果一个人的精神能够达到最高的"道"的境界，即达到了"无有"或"无无"的境界，那么处于这种绝对虚无宁静的境界也就可以超脱一切因素（包括物我两方面的因素）对精神的干扰，使得精神能够保持住绝对的自由和宁静，实现真正的"逍遥游"。庄子的道论确实是为他的逍遥论提供一个哲学的理论基础。其实庄子所追求的这种境界，已经是一种没有思想没有精神的境界，因此也就谈不到什么精神的自由、思想的自由。可见绝对的自由、无所待的逍遥、无任何条件限制的自由，也就是没有了自由，没有了思想。事物总好向相反方向变化，这就是事物发展的辩证法。

三、论"坐忘"与"心斋"

"坐忘"与"心斋"讲的是实现人生的目的——逍遥游的途径或方法。庄子认为，只有做到了"物我双忘"，才能达到绝对的精神自由，即"逍遥游"的境地。然而如何才能做到"物我双忘"呢？在这里，庄子提出了两种修养心性（或称精神修养）的方法：一叫"坐忘"的方法，一叫"心斋"的方法。

（一）"坐忘"

庄子在《大宗师篇》中借用了孔子与其弟子颜回的一段故事：孔子的弟子颜回先忘掉了仁义，后又忘掉了礼乐，最后达到了"坐忘"。孔子问他什么叫坐忘,颜回回答说:"忘掉身体,忘掉聪明,离去了形体与智慧,同于大道一样,这便叫'坐忘'"。西晋时郭象作《庄子注》,在注释这一段话时说:"什么是坐忘呢?坐忘就是什么都忘了,内不感到有自己的存在,外不感到有天地万物的存在。"可见"坐忘"就是忘掉了主客观一切的存在,做到了"物我双忘"。庄子认为,这样一个人的精神就能达到不受任何条件的限制而逍遥自在无所不通达,就可以超脱人世间的一切干扰,保持心理的虚静平和,而获得一种自由自在的幸福的感受,这实际是一种主静的修养功夫。因此气功学家们,把庄子的"坐忘"学说当作是一种静养功法,也并不是没有道理的。

(二)"心斋"

庄子在《人间世篇》中又讲了一个孔子与颜回的故事:当时孔子要求其弟子颜回作"心斋"的功夫,但颜回不懂得"心斋"的意思,以为心斋就是平常所说的吃斋,即吃素食,因此颜回回答说:"颜回家贫苦,不饮酒、不吃荤已经好几个月了,这可以说我已经实现了'斋戒'了吗?"然而孔子则认为颜回所说的"斋",仅是指"祭祀之斋",而不是"心斋",以此认为颜回并没有做到"心斋"。关于"心斋",孔子说:使你的心志专一,不用耳去听而用心去体会,不用心去体会而用气去感应。……气是虚静待物的。只有"道"是最虚静的，所以保持虚静的心境就是"心斋"。可见"心斋"就是摒弃一切耳目聪明与心知，保持心理绝对虚静的状态。如果一个人真正做到了"心斋"，他的精神就不会被外物和自己的感觉思维所累，就能保持住心态的空灵虚静。当然这种状态也谈不上什么精神的绝对自由。以此可见，"心斋"与"坐忘"一样，也是一种主静的心性修养方法。其实"坐忘"、"心斋"是后来人们所提倡的"静坐"修养法而已。

四、论"齐物"与"处中"之道

"逍遥游"讲的是超越于物我的一种精神境界（心理状态）。然而一个人总是要生活于世界上，生活于人类社会中的，人的形体是不可能超越世界超越社会的，他总要与人们打交道，这样人就有一个如何处世的问题。处世的问题又总是与人对世界、对社会人生的认识、理解（世界观和价值观）分不开的。人们只有认清了世界和人类社会才能解决怎样对待世界，即怎样处世的问题。庄子认为，在现实的世界上、现实的社会生活中，所存在的一切事物，皆是相对的，没有绝对的东西，因此事物皆是没有确定性的、没有质的规定性的东西，事物之间没有什么大小、美丑、善恶、是非区别。"万物,一马也", "天地,一指也"。万物同于一马,天地同于一指,万物齐一无有差别。这就是庄子有名的"齐物论"(万物齐一论)的相对主义(相对论)思想。

庄子相对论思想归结起来主要包括以下几方面的内容:

(一)万物的存在是相对的

庄子认为,万物都是彼此相对立而存在的,有彼物才有此物,有此物才有彼物。因此,彼物的存在出于有此物的存在,同样此物的存在也是出于有彼物的存在,彼此是齐一的。

(二)事物的大小等量数是相对的

庄子认为,从数量上看,事物的大小、高低、长短等都是相对的,没有绝对的界线。庄子用江河与大海、中国与四海等加以比较说:江河对许多小溪来说可算是大的,然而江河与大海来比又是小的,大海与整个天地来比,又像小石小木在大山上一样小了。中国与当时四邻的国家来比是大的,但中国与四海相比,又像小米在大仓中一样小了。如此等等,足以说明事物本来是无所谓大小的,说它是大万物莫不大,说它是小万物莫不小。因此,庄子说天地就像小米,毫末又如大山,大小没有什么差别。

(三)人们的价值观念是相对的

庄子认为,随着时间的推移,过去被认为是尊贵的东西,今日可能就变成低贱的东西了。反之亦然，过去被人们看成是下贱的东西，今日反而又尊贵起来。例如：古代尧舜以禅让而成为帝王，当时社会就崇尚禅让。然而，春秋时代的燕王哙让国于子之反造成国破身亡，春秋时期就不能崇尚禅让。因此庄子的结论是："物无贵贱"。贵贱的观念随时而变，本来无所谓贵与贱。

（四）是非观念是相对的

庄子认为，人们的是与非、真理与谬误没有绝对的标准，是非随人而变，由人的"成见"而定，因此都是相对的。人们都是以自己为是，以别人为非，各自都肯定对方所非的，而非议对方所是的，这就有了儒家与墨家的辩论，因此儒墨之是非是无法确定的。古代的毛嫱丽姬两人，人说她们是美的，但鱼儿见了就逃入海底，鸟儿见了而受惊高飞，那么在这里究竟谁算是谁算非呢？这是没有确定标准的。"假使我和你辩论，你胜了我，我没有胜你，你肯定对吗？我肯定错吗？我若胜了你，你没有胜我，我肯定对吗？你肯定错吗？还是我们两人有一人对，有一人错呢？还是我们两人都对，或者都错呢？在这里我和你都不得而知。凡人都有偏见，我们又请谁来判断是非呢？假使请意见和你相同的人来评判，他已经和你相同了，怎么评判呢？假使请意见和我相同的人来评判,他已经和我相同了,怎么能够评判呢?假使请意见和你我都不同的人来评判,他已经跟你和我相异了,怎么能评判呢?假使请意见和你我都相同的人评判,他已经跟你我相同了,怎么能评判呢?那么,我和你及其他人都不能评定谁是谁非了,还等待谁呢?"(据《齐物论》今译)这就是说,你有你的是非,我有我的是非,是非没有客观的标准,因人而异。因此,在你为是的,在我则可为非的,在你为非的,在我则可为是的,是非无定,是也可为非,非也可为是,是非无别。所以庄子最后得出了无是无非、是非一齐的所谓"齐是非"的结论。

庄子的相对主义思想,从某种意义上说,思想是很深刻的。他看到了事物和人们的认识都具有相对性的一面,事物都是相对待而存在的,没有此方的存在也就没有彼方的存在,反之亦然。事物的量数即大小、高低、长短、轻重等,皆是相比较而存在的,无比较也就无所谓大小、高低、长短等可言。人们的价值观念确实是随着时间推移而变化的。人们在认识过程中出现的真理与谬误,是与非、对与错等,亦是相比较而成立的,没有错也就无所谓对,没有非也就无所谓是。这些都说明了相对性原理是事物存在的普遍性原则。但相对并不排斥绝对,相对中有绝对,相对绝对是互相包含的矛盾统一体。事物都是相对待而存在的，但同时事物又都各有自己的质的规定性，在一定的条件和范围内事物的差别是绝对的，决不能得出"齐万物"的结论。事物的数量等级是比较而存在的，但在两事物比较的确定范围内，大的则为大，小的则为小，这是具有绝对性的，决不能得出无大无小、大小齐一的结论。价值观念是变化的，但在一定的时间空间中贵贱是有确定差别的。至于人们的是非与真理谬误的辩论，在纯粹的主观观念范围内确是很难争辩出谁是谁非的结论，但是非对错还有着客观的标准，这就是社会实践的标准。社会实践是真理谬误的试金石，一切符合实践的思想，能在实践中获得成功的，那就是真的是的，反之则是错的非的，因此是非是有客观标准，并不像庄子所说的那样无客观标准，是与非是没有什么差别的。由此可见，庄子虽说看到了事物的相对性的一面，而忽视了事物还存在着绝对性的一面，从而割裂了相对与绝对的关系，而得出了齐是非、齐生死、齐万物的错误结论。

庄子进而在相对主义世界观的基础上，提出了自己的一套处世哲学思想。庄子在处世态度上，与宣扬出世主义的印度佛教不一样。印度佛教讲出家修行脱离尘世生活，逃避现实的世间。庄子则不主张这样的出世主义。他生活于现实的社会之中，既要面对着纷纭复杂的社会矛盾，又要想不为这些矛盾所累，因此他主张要在现实的世间中超越这些矛盾，跳出这些矛盾的圈子。这就是庄子的所谓"处中"之道。庄子认为，如果一个人做到了这点，那么他就不会被社会上的一切是非矛盾所牵累了。这也就是《庄子·天下篇》所称庄子的"不谴是非以与世俗处"的思想。

庄子为了说明这一"处中"之道，还在《山木》篇中讲了一个很生动形象的故事：

有一天，庄子带着他的学生在山间走路，看到路旁有一棵长得十分高大茂盛的树，一个木匠坐在这棵树下并不加以采伐。庄子过去问他为什么不采伐它。木匠说：这棵树虽大却不成材料，没有什么用处，所以不加以采伐。为此庄子对学生说："你们记住，这棵树因为不成材没有用，才保存了它的寿命。"到了晚上，庄子和他的学生寄住在一个朋友家里，他的朋友要杀一只鹅款待他们，朋友的家里人问："家中有两只鹅，一只能鸣，一只不能鸣，杀哪一只为好呢？"庄子的朋友说："杀那只不能鸣的。"第二天，庄子一行重新上路，其学生问道："前天那棵大树，因为不成材，才保住了它的寿命。昨日那只鹅，因为不会鸣而被杀了。这样看来，成材不行，不成材也不行了，先生打算怎么办呢？"庄子回答说：

第二章　道家学派在战国时期的发展

"我将处于材与不材之间。"这也就是说，要使自己既不是材，也不是不材，而处于材与不材之中间，这样就可保全自己了。

上述的故事很形象地讲出了庄子的处世态度，即所谓的"处中"之道，不过庄子最后也还是承认处于这种"中间"状态往往是靠不住的。他说："材与不材之间，似之而非也。故未免于累。"处于中间状态，既不是材又不是不材，似是而非，最后还是难免于遭到祸害的，所以仍然不是一个根本的解决办法，仍然达不到逍遥的目的。庄子认为，只有得到了"道"的人，才能够"游于万物之初"，达到"无待逍遥"的境地，才能摆脱一切累害。

关于上述庄子的这些思想，冯友兰先生曾经把它概括为这样十六个字："游于逍遥，论以齐物，超乎象外，得其环中。"（冯友兰《中国哲学史新编》第二卷第一四一页）这一高度的概括是很符合庄子的思想实际的。

庄子的这一超脱是非，不辨是非，与世无争的"处中"之道，自然是一种消极的处世哲学，一种缺乏进取的精神，理应受到人们的批评、指责。但我们也应看到，在一定条件下，这种处世态度自有其积极合理的地方。例如，人们处在无谓的争辩中时，本来无所谓是非对错，或者只是一些琐小的问题，然而人们却各持己见，互相攻讦，聪明人不如不谴是非，超

75

脱争辩，以怡养自己的心性。又如在一个人的思想斗争十分尖锐，又无解决办法的时候，人们的思想处于高度紧张之中，如果不能解除这一紧张，就可能带来极大的祸害，直至毁灭自己的生命，在这时庄子的"超脱"思想，跳出是非的圈子，避免不必要的牺牲，也许有一定的意义。

第四节　黄老学派

在先秦的典籍中，并没有黄老之学的名称，黄老连称始见于汉初。据《汉书·艺文志》所记载的属于先秦道家类的黄帝之书有：《黄帝四经》、《黄帝铭》、《黄帝君臣》、《杂黄帝》、《力牧》等种。这说明在先秦道家中除了有老子学、庄子学之外，尚有黄学。黄帝相传是上古时代的一位历史人物。据《史记·五帝本纪》载，黄帝姓公孙，名轩辕，有熊国君少典之子。因在神农氏时，战胜了炎帝于阪泉，擒杀了蚩尤于涿鹿，以此被诸侯尊为天子，代神农氏而称黄帝。战国时期出现的诸多黄帝书，显然不是这位黄帝所作，而是战国时代道家学派中人假托黄帝之名，以便抬高自己的地位而作的。这些黄帝书的思想大多是对老子思想的发挥，与战国时的一些老子后学思想相近，所以汉初时人们就把黄学与老学连在一起，

第二章 道家学派在战国时期的发展

称作黄老之学了。黄老之学是从老子思想中分化而出的一种学说。西汉学者司马谈就曾学习过黄老学,史称他"习道论于黄子"。黄子是何人呢?《史记集解》引徐广说:"儒林传曰:'黄生,好黄老之术'。"黄子即黄生,是位黄老学者。司马谈在《六家要旨》中,对道家的界说(或定义),就是从黄老学的立场出发的。他认为,道家能使人"精神专一",动作无形,与时推移,应物变化,简约而易操持,事少而功多。又认为道家能因顺阴阳之变化,吸取了儒、墨、名、法诸家的思想长处。以此可见,司马谈所讲的道家,既不同于原来的老子思想,又不同于庄子思想,它是吸取了阴阳(阴阳变化)、儒墨(礼义、仁爱)、名法(形名法术)诸家思想的一种新道家新老学。这一新老学就是司马谈所说的"黄老之术"的道家。

黄老之学大致产生于战国中期,是在改造发挥老子思想基础之上形成的。所以它与老子思想的关系极为密切。这一学派大概最早兴起于齐国的稷下学宫。据《史记》记载,齐宣王十分喜爱文人学士,当时田骈、接予、慎到、环渊等七十六人,皆赐爵为上大夫,"不治而议论","而慎到(赵人)、田骈、接予(齐人)、环渊(楚人),皆学黄老道德之术",发挥黄老思想。可见,当时的黄老学是十分盛行的。然而他们的著作大都已佚失。现仅存下来的黄老学著作,只有《管子》一书中的《内业》、《白心》、《心术上》、《心术下》诸篇。这些篇的思想属于稷下黄老学的著作，现几乎为一般学者所共识。又一九七三年在长沙马王堆三号汉墓出土的四种古佚书——《经法》、《称》、《道原》、《十六经》，又为我们研究先秦黄老学派提供了新的资料。

在《管子》中的《内业》等四篇黄老学著作中，首先对老子的宇宙本原的"道"作了新的解释。在《老子》中，"道"也被讲成是已经包含有物有精的东西，但并没有讲清是什么样的"物"和什么样的"精"。然而老子在讲万物的构成时，确是讲得很清楚，认为它们是由"气"构成的（"万物负阴而抱阳，冲气以为和"）。《管子》四篇的黄老学则对老子的这些思想加以发挥和改造，明确地提出老子所说的"道"就是一种物质的"气"，一种"精气"。这样道生万物也就变成了精气产生万物的思想了。《管子·内业》说：

> 凡是物的最精微的东西集合在一起，就产生万物，在下产生了五谷，在上产生了星辰，流行于天地之间的为鬼神，藏之于胸中的就成为圣人。这种精微的东西就叫做"气"。

这即是说，这种物的精微东西就是一种"气"，它能产生万物，乃至成就鬼神和圣人。这就是说不仅万物是气，而且鬼神、圣人也都是由气形成的。《管子·内业》还把这种气称为"精气"（"精也者，气之精者也"）。并认为，人们的聪明与智慧就是精气的作用，人的形体则为"精舍"（精气寄宿的地方），只要把精舍打扫清洁（即不受外物引诱），精气"将自来"居住，这样人就有了聪明和智慧。那么精气又与老子所说的宇宙的本原"道"是什么关系呢？《管子·内业》明确提出"道"就是"精气"，得"道"就是得到了"精气"。并且认为精气（也即是"道"）是普遍地充满于天地之间的（"道满天下，普在民所"）。这样，《管子·内业篇》的黄老思想很明确地把整个宇宙世界的统一性归结为一种物质性的"气"，从而奠定了我国古代朴素唯物主义气一元论的哲学传统，为我国古代哲学发展作出了一大贡献。

《管子·心术》上、下两篇，发挥了老子的主静的学说，提出了著名的"静因之道"的认识论思想。老子讲"涤除玄鉴"、"守静笃"的静观直觉思想。《心术》篇则改造了老子的这一学说，提出了静（静观）因（因循事物）的思想。何谓"静"？静就是要使人保持心态虚静，"虚者，无藏也"（《心术上》）。虚即是指人心中不应保存有任何主观的成见，认为如果心中事前有了一定的想法，就会妨碍对事物的认识。以此《心术》

篇提出了要去掉成见,在认识事物时,要绝对地抱客观的态度,不要带有半点的主观思想。"因"即是因循事物,按照事物的本来面目去认识事物。这种静因之道,应该说在认识论上是有其很大的合理性的,它已大不同于老子的否定感觉与理性思维的直觉主义,而是强调了人的认识要符合客观,这是合乎科学的认识论要求的。

在政治观点上,《管子·心术》一方面继续发挥了老子"无为而治"的思想,认为无为就是顺应自然,"不与万物异理";另一方面又吸取了儒家的礼义思想、法家的法治学说和名家的形名之学,带有综合各家政治观点的倾向。这就与老子不一样了。老子抨击儒家,批评儒家的礼义是"忠信之薄而乱之首",《管子·心术》不仅不批评儒家礼义,反而认为礼是因循着人的情感的("礼者,因人之情"),是合乎理的,礼就是有理("礼者,谓有理也"),礼义是出于理的。老子抨击法家,批评法治,认为法律多了反而会盗贼增多("法令滋长,盗贼多有"),《管子·心术》认为杀戮、禁令、诛罚叫做法,法是用来统一人们行为的,并认为法来自权威,权威来自于圣人顺应自然之道的无为而治,法既然来源于顺应自然之道的圣人无为而治,所以法是不可缺少的。老子崇尚无名无誉反对争名,名家重名讲"形名之治",认为只有

第二章 道家学派在战国时期的发展

使社会上名实相副才能治理好社会。《管子·心术》不讲无名，而强调用名得当就是圣人（"名当谓之圣人"）。所谓"名当"就是指名要符合实，这显然是吸取了名家的学说。由此可见，先秦的黄老学在政治上确实带有综合各家思想的倾向。就这点来说，它已大不同于原来的老子思想了。

至于马王堆出土的帛书《经法》、《称》、《道原》和《十六经》四种著作，它们的思想也是发挥老子的思想，是与《管子》中《内业》、《心术》等篇著作相类似的，应当是属于同一个系统，即黄老之学。其中尤其是《十六经》，它假托以黄帝与其大臣对话的文体写出，是部黄帝之书，是一部很珍贵的古代文献。由于《汉书·艺文志》所记载的黄帝著作已全部佚失，所以《十六经》的出土为我们研究黄学提供了一部很重要的资料。我们知道，我国古代社会进入战国后期之后，社会的发展面临着即将结束长期分裂的政治局面，统一的问题越来越突出，成为社会的主要问题（如果说战国的前期与中期以"变法"改革为主的话，战国后期则以统一为主）。《十六经》正是顺应着这一时代的要求，着重讨论了实现统一的问题，这清楚地表明，它是一篇产生于战国后期的作品。《十六经》中写道："今天下大争的时候来到了，黄帝能谨慎而不争吗？"（"今天下大争，时至矣，后能慎勿争乎？"）同时书中还大讲黄帝是如何战胜蚩尤，兼有天下等等。所有这些都是当时时代要求统一的反映。

《十六经》认为，戡定战乱必须要用"刑(法治)德(德教)"两手，刑德能互相补充，相辅而行。但刑德两者相比，又以德教显得更为重要，以此提出了"先德后刑"的主张。同时，《十六经》还讨论了统一之后如何治理天下的问题，其提出的办法是采用名家的审合名实的方法，即认为只要循名责实，做到名实相副，就能治理好社会。除此之外，书中还发挥了老子的主柔守雌的思想，认为只有表示出柔弱而不逞强，才能做到"以守则宁，以作事则成"等，可见《十六经》的黄学也是与老子思想密切联系着的。并且在《十六经·战法篇》中谈到了宇宙本原"道"的问题，认为"一者，道其本也"，道即是一，"一之解，察于天地。一之理，施于四海"，"万物之多，皆阅一空"（即皆出于一孔），这更与《文子·道原》中说："故一之理，施予四海；一之嘏（应作解），察于天地"，和《淮南子·原道》所说："是故一之理，施四海；一之解，际（际，会合的意思）天地"相一致了。可见，《十六经》的思想确是属于黄老之学的。

在帛书《经法》的《道法篇》中，还讨论了道与法的关系问题，文中认为道是"虚无刑（形）"的，"万物之所从生"。这正与《管子·心术上》所说"虚无形谓之道"思想相合。既然道能生成万物，那么，道也就能生成"法"，所以《道法篇》开首第一句就是"道生法"。道生法即是指"执道者生法"，掌握了"道"的圣人，按照"道"的原则来立法，所以法一旦立出，任何人（包括圣人自己）也是不能违犯的。很显然这是用"道"这一宇宙的本原来为"法"的权威性作理论论证的。"道"是无形无名的，但它生成的万物，哪怕是秋毫一样细小的事物也必定是有形有名的。所以《道法篇》接着说："秋毫成之，必有刑（形）名。刑（形）名立，则黑白之分已。"有形有名，就能辨别事物的不同（黑白分已）。以此执道者治理天下，就在于审察形名，"名刑已定，物自为正"。可见《经法》的思想，是用老子的道论来为"刑名法治"提供理论根据的，它已经大不同于老子的思想，而是一种新的老学即黄老之学了。

战国时期黄老之学在社会上的影响很大。尤其是法家学派中的申不害、韩非等人（可称之为法家中的申韩学派），思想都是与黄老之学思想有着密切的亲缘关系的。"申子之学，本于黄老"（《史记·老子韩非列传》），韩非之学亦"学本黄老"（同上），他们都与黄老思想有着渊源关系。申不害、韩非等法家有一个共同的特点，就是他们都吸取了黄老之学的重刑名法术尚无为而治的思想。申不害主刑名,主张"为人君者操契(契约)以责其名(按名求实)",认为"名者天地之纲,圣人之符"(《申子·大体篇》)。所以《韩非子·定法篇》中说:"今申不害言术……。术者,因任(才能所堪任)而授官,循名而责实,操杀生之柄,课(考核)群臣之能者也。"韩非自己亦"喜刑名法术之学",主张"同合刑名,审验法式"(《韩非子·主道》)。在这里申不害与韩非都认为,"审合刑名"是国家最高统治者的一种不可缺少的重要的统治术。至于黄老的无为而治思想,则更为申韩学派所重视。法家主张建立一个统一的中央集权的封建君主专制主义的国家,而黄老的"无为"政治本来就是为最高统治者君主所提出的君人南面之术,以此申不害和韩非等人对黄老的无为政治大力发挥,使之适合于中央集权专制主义君主统治的需要。申不害认为"善为主者,倚于愚,立于不盈,设于不敢,藏于无事,窜端匿迹,视天下无为"。作为一个最高统治者的君主应该表现出自己愚蠢不敢有所作为的样子,要使自己的形迹不露,就像无事一样,实行无为而治(《申子·大体》)。然而君主究竟怎样才能实行这种"无为而治"?申不害为此提出了君王大权独揽、小权分散的统治术,即所谓"君操其本,臣操其末;君治其要,臣行其详"(《申子·大体》)

的思想。这也就是要实行所谓"君道无为,臣道有为"的政治。申不害的这一思想也是对老子"无为"而治思想的一种新的解释与发挥。

在本体论上,韩非还对老子的"道"作了新的解释。韩非在《解老》中说:万物各异理,道总合了万物的理,所以说:"道,理之者也。"这就是说,道是指万物的总的法则,理是指具体事物的法则,总的法则是与具体事物的法则相符合的,因此道是不能脱离万物的,所以说道是与天地俱生的永恒的("常道"),而具体事物的理则是有生有灭的不是永恒的("非常道")。韩非对"道"的这一解释,比起老子来又要更加符合科学一些。

黄老之学不仅影响着申韩法家学派,而且还影响到儒家学派。《管子·心术》所提出的"静因之道",很明显也影响到了战国后期的儒家大师荀子的思想。荀子提出的人要正确认识事物必须要求人心保持"虚一而静"的学说,就是在《心术篇》的"静因之道"思想基础上加以发挥而成的。荀子认为,保持心的"虚一而静"的状态,是正确认识事物的前提条件,没有这种心理状态就不可能正确地认识事物。荀子说:人生来就有知觉作用,有知觉就会有记忆,记忆就是心中有了储藏,然而只要不以已藏的记忆来妨害将要有所接受的认识,这就叫做"虚"(《荀子·解蔽》)。这种解释"虚",比之《心术篇》所谓"虚就是心中什么也没有储藏"("虚者,无藏也")的说法前进了一步,更加符合认识的实际。何谓"一"呢?这是说,心生来就有认知的能力,而能认知就会具有对不同事物的认识,有了对不同事物的认识就是同时兼有两种知识,然而有所谓"一",即不以这一种认识去妨害他一种认识,这就叫做"一"(《荀子·解蔽》)。何谓"静"呢?静并不是说人心一点不动,而是说不要用梦剧来乱知,这就叫做"静"(同上)。荀子在这里研究了人的认知时的心理状态,认为只有做到"虚一而静"就能明察事物的道理。很显然,荀子讲的虚静学说已经不同于老子虚静思想了,可以说他是对老子和《管子·心术》思想加工改造的产物。

　　黄老思想对《易传》的思想亦有影响。《易传》是对《易经》的解释与阐发。相传《易经》为殷周之际的作品,是一部卜筮之书,内容包括有卦象、卦辞和爻辞。《易传》则是后来人对《易经》思想所作的解释。《易传》共有十篇,一般称为"十翼",即彖传上、下,象传上、下,文言,系辞上、下,说卦传,序卦传,杂卦传。其中尤以系辞传最为重要,它是总论《易经》思想的。《易传》并不是一人一时之作,可能大都是形成于战国中、后期。《系辞传》中有所谓"天下何思何虑？天下同归而殊涂，一致而百虑"的说法，很像是反映战国末期时的社会思想情况的。战国中、后期黄学与老学已经在思想界具有很大的影响，所以作为儒家著作的《系辞传》也与荀子一样，不可能不受其影响。

《系辞传》中最明显地受到黄老学的影响，尤其是稷下黄老学（即《管子》四篇道家思想）关于精气的学说。精气说最早是由《管子·内业》（即一般称为稷下黄老学作品）中提出的，之后在战国末期的著作《吕氏春秋》中又见到了它。《吕氏春秋》是用精气来论证天道圆的理论的。《吕氏春秋·圆道》中说："何以说天道之圆也？精气一上一下，圆周复杂，无所稽留，故天道圆。"可见《吕氏春秋》是接受了《管子·内业》的精气说并加以发挥的。大约成书于战国末年的《系辞传》也与《吕氏春秋》一样，承袭了稷下黄老学的精气学说。《系辞传》："精气为物，游魂为变，是故知鬼神之情状。"这里的"游魂"、"鬼神"皆指精气而言，精气可以游动于人体之内外，可以流动于天地之间，这就是"游魂"与"鬼神"。这也就是《管子·内业》中所说的精气为灵魂（精气亦叫灵气）、为鬼神的思想。《管予·内业》说："凡物之精（精气）……下生五谷，上为列星，流于天地之间，谓之鬼神，藏于胸中，谓之圣人。"又说："……思之思之，又重思之。思之而不通，鬼神将通之。非鬼神之力也，精气之极也"。精气即是鬼神，它能使人聪明有思虑，所以它又叫"灵气"。可见《系辞传》是直接继承了《管子·内业》思想的。至于老子主张谦虚反对骄傲自伐和主张"为大于其细"，一切从细小事做起的思想，在《系辞传》也有所表现。如《系辞传》说："劳而不伐（伐，夸耀也），有功而不德，厚之至也。语以其功下人者也。德言盛，礼言恭，谦也者，致恭以存其位者也。"这段意思是说，有劳苦而不夸耀，有功德而不自居，是忠厚之至了。有功劳而能甘居人下，这样就能德性盛大，行礼恭谨，对人谦虚则能保持禄位。这与老子所说的"不自见故明，不自是故彰，不自伐故有功，不自矜故长"（《老子》二十二章）思想基本上是相通的。又如《系辞传》说："善不积，不足以成名。恶不积，不足以灭身。小人以小善为无益而弗为也，以小恶为无伤而弗去也，故恶积而不可掩（掩即掩），罪大而不可解。"又说："知几，其神乎。……几者，动之微，吉之先见者也。君子见几而作，不俟终日。"上一段是说要重视小善小恶，它们是会积小成大的；下一段是说要抓住事物初露出来的苗头就给以解决，不要等到事物已发展到终了时才去过问。这样的思想也是与老子所提倡的"图难于其易，为大于其细，天下难事必作于易，天下大事必作于细，是以圣人终不为大，故能成其大"和"其安易持，其未兆易谋，……为之于未有，治之于未乱"的思想十分相似。由此可见，《系辞传》是很可能接受了老子的思想影响的。至于《系辞传》中的"一阴一阳之谓道"的对立统一的辩证思想，也很难说与老子的相反相成（"有无相生、难易相成……"）的思想不无关系。不过前者的辩证法尚动尚变，后者则主静主常（当然也承认有动有变，但根本的是静是常），两者的区别还是很明显的。

第三章　道家学派在两汉的发展

老子道家学派（主要是黄老之学）在两汉时期颇有影响，并得到了新的发展。自秦始皇帝排斥各家独尊法家之后，先秦的百家争鸣一时宣告结束。然而秦朝的法家统治是短暂的，秦王朝灭亡之后，在思想界又起了波澜。首先起来替代法家而赢得统治地位的是道家学派中的黄老之学，从此黄老学进入了自己的全盛时期。之后，汉武帝为了巩固汉代的大一统的政治，采纳了董仲舒的罢黜百家、独尊儒术的建议，儒家才逐步赢得了思想界的统治地位，成为官方哲学。而黄老之学逐渐成为官方儒学反对派手中的思想武器，如西汉的刘安和东汉的王充等人，即都属于这样一派的人物。这是汉代黄老学发展的主要内容。同时在汉代，黄老学又与神仙方术相结合，产生了中国本土的宗教——道教。这是黄老学发展的另一个路向。当时道教在民间得到了流行。此外，黄老学还对当时刚从西域传来的印度佛教产生了很大的影响。由此可见，老子的道家学派的思想在两汉的影响并不是越来越减弱，而是向着深、广两个方面发展了去。

第一节　汉初的黄老学

西汉初年，黄老学替代了秦朝的法家统治，这是当时社会需要的产物。汉初社会刚结束了动荡和战乱，国家需要安宁，经济需要恢复与发展，人民需要休养生息，面对这一现实，汉初的一些有识之士开始提倡把法家的高压政治，转变为黄老学清静无为而治的思想。这一思想的转变最初表现在陆贾、贾谊的著作中，虽说陆贾、贾谊两人都尊儒学，但是他们的身上，尤其是陆贾，已经带有了很浓重的黄老学的思想色彩。为了缓和社会的矛盾，他们都要求统治者不再扰乱民事，与民休息，于是大力提倡黄老学中的清静无为而治的思想。陆贾说：

道最大的是无为，行最大的是谨慎，为什么这样说呢？以古代为证，古代虞舜治天下，弹着五弦琴，唱着南风诗，寂静无为得像无治理国家之意、无忧民之心一样，然后天下治。（参见《新语·无为》）

这就是说，要求统治者实行清静无为而治，要与下民相安于无事。这是符合汉初社会要求安定的需要的。因此黄老学很快地就得到了官方的支持。统治者中首先用黄老学治国的是汉相曹参。司马迁说："曹参为汉相国，清静合道意，时百姓脱离秦朝的酷政后，曹参能与民休息无为，所以天下皆称颂他。"（《史记·曹相国世家》）至于一向为史书所称颂的"文景之治"的文帝、景帝，也都是遵循黄老学治国的。《史记》称：文帝时，正值天下刚脱离战乱不久，人民要安居乐业，因循着人民的意愿能不扰乱人民，所以百姓安定。至于文帝之妻窦氏则更是尊崇黄老学，史书称"窦太后好黄帝、老子言，帝（景帝）及太子（武帝）、诸窦（窦氏家族），不得不读黄帝、老子，尊其术"（《史记·外戚世家》）。由此可见，汉初黄老学的特点主要就是在实际政治中强调清静无为而治，即所谓与民休息而已。这样的黄老思想完全是适应着当时的时代要求的。

第二节 刘安主编的《淮南子》的黄老之学

刘安（公元前一七九年—公元前一二二年）是汉高祖刘邦的少子淮南厉王刘长的儿子，文帝时封为淮南王。刘安喜

第三章 道家学派在两汉的发展

好读书鼓琴，不好田猎驰骋，曾招"宾客方术之士数千人，作为《内书》二十一篇，《外书》甚众，又有《中篇》八卷，言神仙黄白（黄白，即制作金银）之术，亦二十余万言"（《汉书·淮南王传》）。但《外书》、《中书》皆已佚失，现存的《淮南子》一书，即是《内书》二十一篇，也叫《淮南鸿烈》。可见，《淮南子》一书是刘安招集组织宾客方士们所写，并不是刘安自己所著，所以我们称他为此书的主编。据《淮南子·高诱序》中所说，参加该书写作的有苏飞、李尚、左吴、田由、毛被、伍被、晋昌等人，及诸儒生大山、小山之徒，共讲道德，总统仁义，而著此书。《淮南子》虽说内容庞杂，但其基本思想仍然是战国、汉初以来黄老学的继续，所以高诱说它"旨近老子，淡泊无为"。这样的评论基本上是符合该书思想的。

首先，《淮南子》继续发挥了老子的宇宙生成论学说，把宇宙的形成看成是由道产生的、一个发展演变的过程。《淮南子·天文训》中说："最初天地未形成之前，先有一个无形无象混而不可分的存在状态，这种状态实是虚霩的状态，而宇宙本原的'道'就开始存在于这虚霩之中。然后从虚霩中生出时间和空间，即所谓'宇宙'（"往古来今，谓之宙，四方上下谓之宇"），再从时间与空间中生出气来（"宇宙生气"）。气有清浊之分，气之清扬者，飞扬上升而为天，气之重浊者，凝结而为地，从而天地生。"这里论说的显然是一种从虚霩中产生宇宙、气、天地的观点，它是老子"有生于无"思想的进一步发挥与阐说。《天文训》还认为："天地之精微聚集起来则为阴阳二气，阴阳二气的精微聚集起来成四时，四时之精微分散开来为万物。积阳之热气生火，火气之精微集聚为日。积阴之寒气为水，水气之精微集聚为月……"总之，阴阳、日月、星辰、水火、四时、万物皆是自然演进的产物。《淮南子》对于宇宙起源的探究，在我国古代天文学史上占有重要的地位。它的宇宙生成说直接影响到东汉伟大的天文学家张衡的思想。例如张衡也认为，宇宙的最初阶段有一个虚无寂静的存在状态，这就是所谓的"道之根"，然后"自无生有，太素始萌，萌而未兆，并气同色，浑沌不分。故道志之言云：有物混成，先天地生"（《灵宪》）。由此可见，张衡的天文学理论确是与《淮南子》的宇宙生成论有着相似的地方，也是对老子思想的一种发挥。

在《淮南子·精神训》中，对宇宙的起源问题还有另一种说法，即认为世界的开端并不是虚霩与虚无，而是物质性的气，宇宙本原"道"含有阴阳二气，道生成天地万物的过程，就是阴阳二气从道中分离出来形成天地万物的过程。其中烦气（高诱注谓"乱气"）形成为虫类，精气形成为人类。

这一讲法似与《天文训》中所说的"虚霩生宇宙，宇宙生气"有所不一样，《精神训》是坚持了黄老学《管子》中《内业》、《心术》的气一元论思想的。

《淮南子》除了讨论宇宙起源问题外，还研究了天道自然与圣人无为的问题。在这方面，它的思想与老子思想也有着密切的关系。老子认为，道是无为的，道的存在是自然的（"道法自然"），它虽生长万物，但并不主宰万物，而是随顺万物自然的生长（"生而不有[不占为己有]，长而不宰[不宰制]"）。因此体道的圣人，治理社会亦应采取无为而治。老子说：

圣人之言曰："我无为而民自化，我好静而民自正，我无事而民自富，我无欲而民自朴。"（参见《老子》五十七章）

这就是说，只有圣人能做到无为、好静、无事、无欲，然后老百姓才能做到自化（自己化育）、自正（自己端正）、自富、自朴，从而能达到"无不治"的目的。在这里，老子讲的"无为"，主要是指随顺民之自然，而作为圣人（最高统治者）的主观作用方面似讲得不多。因此老子讲的"无为"不免带有消极被动的倾向，为此《淮南子》对老子的无为说作了新的补正，提出了一个较为积极进取的"无为"思想。

《淮南子》也与《老子》一样，认为"道"是无为的，道生育万物而不加以主宰，随顺着万物自然化成长。因此圣人也应"因循天地之自然"，而实行无为而治。但《淮南子》又特别强调"无为"并不是什么都不为，而是要"举事"的。《淮南子》所说的"无为"，其含义是：①"私志不得入公道"。不能以私心私意而违背公道。②"嗜欲不得枉正术"。不能以自己的贪欲来混淆正确的方法。③"偃其智故"。抛弃那些违背自然的机心巧智和主观的作为。④"循理而举事"。按照自然法则办事。⑤"事成而身不伐"。事办成了而不居功自傲。做到这些就是实行了"无为"而治。可见"无为"决不是"寂然无声，漠然不动，引之不来，推之不往"，什么事都不干的拱手静默的作法。至于"有为"，《淮南子》认为"用己而背自然，谓之有为"，即认为用私见而违背自然法则的做法叫"有为"。所以无为是与有为相对立的，其根本分歧则在于"循理"还是"背理"上，循理举事谓无为，背理（自然之理）做事谓有为。以此《淮南子》举例说，用火烧井，让河水上高山等行为是违背自然规律的，这些都是人的主观妄为，这就是"有为"。至于水上用舟，因高为田，因水为池等是"循理"而做的事，这就不能称作"有为"，

第三章 道家学派在两汉的发展

而应看作是"无为"。

从以上的论说中，我们可以看到，《淮南子》所说的"无为"，是指因循自然之理而为而不用主观妄为。所说的"有为"，是指违背自然的主观妄为。这就大大地发展了老子的"无为"思想。这是《淮南子》对老子无为思想的一种新的阐释，以此克服了老子无为学说中被动消极的思想倾向。

《淮南子》在道家思想发展史上，还有一个很大的突破，即是提出了进化的社会历史观，批评了崇古、法古、复古的思想。在先秦的老庄道家学说中，他们都宣扬复古主义思想。例如老子所理想的"小国寡民"的社会，就是要把人类社会倒退到文明未开的原始社会中去，回到"使民复结绳而用之"的时代，即不用文字、不用舟车、不用兵器，"邻国相望，鸡犬之声相闻，民至老死，不相往来"的初民社会。《庄子》书中更指出了最美好的人类社会是在远古时代，认为当时人民与禽兽同居，与万物共处，没有君子小人的区别，大家无知无欲，过着朴素的生活（参见《庄子·马蹄》）。这是对远古生活的向往。中国的儒家学派亦推崇古代的尧舜时代，孟子"言必称尧舜"，同时宣扬夏、商、西周的所谓先王之治，主张"法先王"。但社会总是前进的、进化的，要回到古代社会已经是不可能的了。以此《淮南子》对复古主义思想提出了批评。《淮南子》认为，社会上的一切现象都是随着时代的变化而变化的，"世异则事变，时移则俗移"（《齐俗训》），因此圣人"论世而立法，随时而举事"，决不能抱着成法而不变。但圣人应当根据什么原则来变革社会制度呢？《淮南子·氾论训》认为只要有利于人民就不必效法古代，只要成济于事业就不必因循守旧（"苟利于民，不必法古，苟周于事，不必循旧"），所以法度和礼制都是随着时俗的变化而变化的（"法与时变，礼与俗化"）。为此它批评了那些复古派人物，说他们"多尊古而贱今"，所以"必托于神农、黄帝"，以此来宣扬复古思想，其实真正好的统治者（"圣人"）应当是"因时"而变法，随着时代的变化而前进的。《淮南子》的这一历史进化的学说，显然是从先秦法家商鞅、韩非那儿吸取过来的。商鞅早就指出"治世不一道，便国不必法古"的思想，只要便利于国家的治理，就不必效法古代。并提出了"当时而立法"，"礼法以时而定"的主张（参见《商君书·更法》）。可见，《淮南子》在这里是继承和发挥了法家的思想的。同时我们也看到，《淮南子》的黄老学思想已经与先秦的老子思想有了很大的不同。

第三章 道家学派在两汉的发展

第三节 王充与黄老之学

西汉到了武帝时期,经济上得到了很大的发展,政治上得到了进一步的巩固,国力也得到了加强,可谓进入了全盛时期。但全盛中包含着隐隐危机。由于一代英主汉武帝凭借着经济、政治的力量,对外用兵,开拓边疆,大动干戈,对内又多所兴作,大动土木,从而大大地加重了人民的负担,越来越激化了统治阶级与农民阶级的矛盾。在这种情况下,汉初采用的清静无为而治的黄老政治已经不能再继续维持下去了,为了巩固国家政权必须采取"有为"的政治,采用一套治理社会的办法。这时董仲舒等人倡导的以三纲五常为中心的儒家德教(亦称"礼教"或"名教")和德刑兼施的政治,也就随着统治阶级的需要应运而生了。汉武帝采纳了董仲舒的"罢黜百家、独尊儒术"的主张,实施了一系列的崇儒措施。自此,董仲舒的儒家学说越来越赢得了独尊的地位,成为汉代官方的正统哲学。而黄老之学则逐步地失去了原有的地位,受到了官方儒学的排斥。但黄老学在汉代自始至终并没有失去它的巨大影响,并为一些官方儒学的反对派如严遵、扬雄、王充等,所继承和发展。东汉的大哲学家王充就是其中一位重要的代表人物。

老子与道家

王充（公元二七——约九七年）自称出自"细族孤门"，然好"博览群书"，但家贫无书，只得常游洛阳书肆阅读。据说他一读即能背诵，记忆力很强，并好著书立论，曾著《论衡》八十五篇、二十余万字，对以董仲舒为代表的宣扬"天人感应"神学目的论的官方儒学进行了批评。王充反对汉代的官方儒学但并不反孔，虽说他也批评了孔子、孟子的一些思想，著有《问孔》、《刺孟》两文，就总的来说，他还是尊孔的，他甚至称孔子为"百世之圣"。但在某种意义上说，王充尊黄老学超过了他的尊儒思想。王充为了反对当时俗儒们所宣扬的天有意志、天能赏善罚恶的宗教神学，发挥了先秦《管子》中《心术》、《内业》诸篇中的黄老学气一元论思想，认为世界上的万物皆禀气于天，天能普遍地施气于万物之中，而气者"恬澹无欲，无为无事者也"（《论衡·自然》）。这就是说，"气"是无意识的自然物，是万物的根源。至于天，王充认为，天有体，天体平正也是自然的，天体中含有气，所以它能施气于万物。王充把天和气都看成是自然物，这就与宣扬天有意志的天能赏善罚恶的汉代俗儒神学对立了起来，坚持了唯物主义的无神论思想。关于人的精神活动问题，王充也继承了《管子》中《内业》、《心术》等篇黄老学的精气学说。《内业》把人的精神活动看作是精气的作用，而精

第三章 道家学派在两汉的发展

气则能来往于人的形体内外，心只是"精舍"，只要精气定于心中，人就能聪明有智慧。王充亦沿袭了这一说法，认为"人之精神藏于形体之内，犹粟米在囊橐之中也。死而形体朽，精气散，犹囊橐穿败，粟米弃出也"（《论衡·论死》）。不过，王充要比《内业》作者前进了一步，他强调了精气必须依赖形体血脉才能发生精神作用。他说："人之所以生者，精气也；死而精气灭。能为精气者，血脉也；人死血脉竭，竭而精气灭，灭而形体朽，朽而成灰土，何用为鬼？"（同上）这即是说，人死了血脉消灭了，精气亦随之消灭，精气消灭了形体就成为灰土，以此证明人死无鬼。这一番议论是有其一定科学道理的，但是，王充在这里把人的精神仍然看作是一种精微的气（精气），而气就能游离于身体之外，从而使得王充有时又变相地承认了鬼神的存在。例如他说："鬼神，荒忽不见之名也。人死，精神升天，骸骨归土，故谓之鬼。鬼者，归也。神者，荒忽无形者也。"（《论衡·论死》）这样他又承认人死后精神（即精气）能升天，有鬼神的存在，不过鬼神是一种气而已。就这点来说，他又没有能突破《管子·内业》黄老学思想的局限。

从上面所论说的王充思想中，我们可以看到，王充的哲学确实深受黄老学派思想的影响，所以王充十分推崇黄帝与老子，甚至认为黄帝与老子在天地之中所禀赋的元气也是最纯的、最多的，所以他们能效法天地实行无为而治成为贤者。王充说："贤之纯者，黄、老是也。黄者，黄帝也。老者，老子也。黄老之操，身中恬澹，其治无为，正身恭己，而阴阳自和，无心于为而物自化，无意于生而物自成。"（《论衡·自然》）由此可见，王充确实是推崇黄、老之学的，黄老学的无为政治也正是王充所向往的政治。

第四章　魏晋时期老庄学的风行

魏晋时期是我国历史上自春秋战国之后的一个思想界比较活跃的时期。其时出现了一股崇尚老庄道家哲学的所谓玄学思潮。何谓"玄学"？玄学之玄字，本采自《老子》书中所说的"玄之又玄"句中之"玄"字。"玄"表示深远、深奥。老庄哲学就是探讨宇宙的本原这一深远、深奥的学问的。所以魏晋时人就把老庄道家称之为"玄学"。当时，老庄玄学几乎笼罩了整个魏晋时期的思想文化界，在某种程度上甚至取代了儒家的地位，成为当时社会的统治思潮，是我国历史上道家思想最兴旺、发达的时期。这种思想潮流的产生，是与东汉末年官方儒学的破产和汉代黄老学的发展有着密切联系的。我们知道，汉代的官方儒学已经大大不同于先秦的孔、孟、荀儒学，它经过了后人的加工改造，把本来是一个着重于政治和伦理教化的儒学，改变成了宣扬天人感应神学目的

老子与道家

论的宗教化了的儒学，并把儒家的教条当作宗教一样的绝对信条来向人们灌输，同时还把士大夫（知识分子）束缚在儒家经书的章句之学中，从而极大地禁锢了人们的思想。这样，儒家的教条自然最后成为了一种僵化的腐朽的东西，遭到了广大的人民和知识分子的反对。随着东汉末年爆发的黄巾大起义，推翻了汉王朝的统治之后，同时也就宣告了这一汉代官方儒学的破产。魏晋玄学就是在汉代官方儒学破产的基础上产生的，并在黄老学发展基础上加以新的加工和改造，尤其是发挥了汉代黄老学（如王充等人）的天道自然无为的思想。

魏晋玄学的正式兴起是在魏正始年间。当时，以何晏、王弼为代表的玄学，曾经盛极一时。由于它产生于正始年间，一般人们把它称作为"正始之音"，或称何王玄学。何王玄学以老子学为主，他们发挥了老子的贵无思想，成为魏晋时代哲学的主流思潮。魏晋时期的整个老庄学，大致可分为这样三个主要发展阶段：第一阶段为魏正始年间的何晏王弼的老学，属于玄学贵无学派。第二阶段为魏末的以嵇康、阮籍为代表的老庄学。第三阶段为西晋时期的郭象的庄子学。郭象的庄学是以玄学贵无派的反对派面貌出现的，属于玄学的崇有学派。由于三个时期各自时代的特点不同，所以三个时期的老庄学的思想内容及其社会作用也是不同的。因此，对于魏晋时期的道家（即老庄玄学）必须作具体的分析。

第一节　魏正始年间何晏、王弼的老子学

何晏、王弼是魏晋时期玄学的首领人物。统治魏晋时期整个一代哲学论坛的玄学思想，就是由何、王开倡起来的。何晏，字平叔，生年不详，死于魏齐王芳正始十年(二四九年)。他是东汉大将军何进的孙子，父亲何咸，早亡，母亲尹氏后被曹操娶为夫人，同时曹操也收养了何晏，自此何晏成为曹操的养子。何晏少有异才，善谈《易》、《老》，后成为玄学的首领。在社会上，名声很大。正始年间（公元二四〇—二四九年）大将军曹爽辅政，重用何晏为吏部尚书，成为曹爽手下的重要人物。何晏崇尚老子学，曾作《道德论》一书，但书已佚失。王弼，字辅嗣，生于魏黄初七年(公元二二六年)，卒于魏正始十年（公元二四九年），是曹魏时代的一位著名的玄学理论家，少年即享盛名，死时年仅二十四岁。王弼"年十余"即"好老氏"，善言能辩，颇为时人所重。他短暂的一生中写出了许多在历史上具有重要影响的著作，如《老子注》、《周易注》、《老子指归》、《周易略例》等，从而奠定了魏晋一代玄学的理论基础。

老子与道家

何晏、王弼的老子学,并不是重复老子的"天下万物生于有,有生于无"的宇宙生成论,而是进一步发展了老子的学说,把老子的宇宙生成论发展成为宇宙本体论。从某种意义上说,宇宙生成或称宇宙演化学说是属于天文学的具体科学范畴,而宇宙本体论则讨论的是宇宙中万物存在的根据问题,属于真正的哲学玄学的问题,以此玄学本体论的产生标志着中国哲学的理论思维水平有了一个新的提高。何晏王弼提出了以"无"为本、以"有"为末的宇宙本体论哲学,把"无"视作世界上"万有"("有")存在的基础、根据。当时首先起来阐说这一思想的是何晏,他认为"有"(指有形有象的各种具体存在物)与"无"(指无形无象无任何物质规定性的存在)的关系是依赖与被依赖的关系,即认为"有"之所以能存在就是依赖于"无"而存在的。以此说"无"为根本为本体,"有"为末端为现象,两者关系为本末体用关系。对于"无为本"、"有为末"这一问题,王弼作了详细的论证。天下万物("有")所以能存在,必定有一个存在的根据或决定者。某一种具体的物质存在("有")是不能作为万有的存在根据的,如水不能作为火的根据,冷的东西不能成为热的东西存在的根据等等。王弼认为,万有存在的根据不是某一种具体物质存在,必定是超越于具体物质存在之外的无形无象无任何具体的物质规定性的存在。这个存在就是绝对的"无"的存在。所以王弼说，天地万有皆以"无"为根本（"以无为本"）。同时他有时还把这个"本"也叫做"体"。体是对用而言的，"用"（作用）不能离开"体"，无"体"也就无"用"，所以这里的"体"也是指依据、根据的意思。因此一般学者都把王弼的玄学叫做玄学本体论。又因何晏王弼都把"无"看成是根本的，是万有的根据，所以人们又把何王玄学称之为玄学贵无派。

何王贵无派玄学在当时的社会现实意义是，何王玄学把以本统末的哲学思想用到社会政治领域里，要求最高的统治者君主实行无为而治、素朴之教，以稳定社会秩序。这是当时社会希望能在东汉末年至三国时代社会纷乱中得到安宁，在战乱中得到和平的反映。

第二节 魏末阮籍、嵇康的老庄学

阮籍、嵇康主要活动的年代，在魏正始之后，当时正处于司马氏集团实际上操纵了曹魏政权时期。魏正始年间，统治阶级中的两大政治集团的斗争进入了白热化时期。其斗争的结果，是司马氏集团翦灭了曹魏集团而赢得了胜利，从而开始实际上由司马氏集团操纵曹魏政权的时期。阮籍、嵇康等人原是曹魏集团中的一些正直之士，他们反对司马氏集团利用虚伪的儒家名教进行篡夺曹魏政权的活动，阮籍、嵇康的老庄学就是他们在反对司马氏集团斗争中的思想产物。

阮籍（公元二一〇—二六八年），字嗣宗，三国魏名士，"竹林七贤"之一，曾任步兵校尉，故世称"阮步兵"。他博览群书，尤好《老》、《庄》，不满意司马氏集团，并蔑视儒家礼教，整日纵酒谈玄，与嵇康为友。

嵇康（公元二二三—二六二年），字叔夜，魏名士，"竹林七贤"之一，有奇才，善作文，与曹魏宗室通婚，官至中散大夫，世称嵇中散。学不师受，博览群籍，喜好《老》、《庄》。因刚肠疾恶，不堪流俗，轻蔑礼法，"非汤武而薄周孔"，不满司马氏集团擅政而遭诬陷，以言论放荡、非毁儒家经典的罪名为司马氏所杀，临刑时，太学生三千人请以为师，可见他的名声在当时是非常大的。

据《晋书》所说：阮籍本有"济世志"，时值魏晋之际，天下多变故（即指两大政治集团的斗争），名士"少有全者"，由此阮籍不愿参与政事，"以酣饮为常"（见《晋书·阮籍传》）。嵇康更是不事王侯，轻时傲世，疾恨当时司马氏所宣扬的虚伪礼教，最后为世所不容。所以他们的喜学老庄是针对着司马氏的虚伪的儒家说教而为的。他们的崇尚老庄，既不同于何晏、王弼，也不同于后来的郭象。何王的老子学主要是为维护曹魏政权的统治服务的，提供的是君主无为统治之术。而阮、嵇等人对当时的曹爽政权并不满意，他们不愿与曹爽等人共事，曹爽辅政时曾召阮籍出来做官，阮籍假托以病辞谢，归于乡里，一年后曹爽被司马氏所杀，时人叹服阮籍有远见。同时他们又都不满意司马氏集团，对司马氏宣扬的儒家说教皆持批评的态度。这与后来主张调和儒道两家的郭象哲学又不一样，郭象的庄子学主要是为司马氏的西晋政权出谋献策的，而阮籍、嵇康皆以反礼教的面貌出现，是政治上的在野派，当时反名教的著名人物。

阮籍、嵇康的反儒思想是继承老庄思想而来的。嵇康、阮籍接过了老子、庄子对虚伪礼义的批评，进一步抨击儒家说教。阮籍说：君主立而虐害兴，大臣设而残贼生，君主坐制礼法，束缚下民，假廉洁而成贪性，内险恶而外表仁爱，……君子之礼法，实为天下残贼、乱危、死亡之术（《阮籍集·大人先生传》）。嵇康则"以六经（儒家的经典）为芜秽，以仁义为臭腐"，认为不学儒家经典"未必为长夜，六经未必为太阳也"（嵇康集·难自然好学论》）。这种对束缚人心摧残人身的虚伪的礼法仁义的揭露，确是淋漓尽致十分痛快的。当然，嵇、阮他们都是地主阶级的知识分子，从根本上说，他们都是想把当时的封建社会搞好，所以也并不是要从根本上抛弃礼法制度。他们需要的是那些没有虚伪性的朴实的礼义，认为真正的礼义制度是有"移风易俗"的教化作用的。

嵇康、阮籍还都崇尚道家的"自然纯朴"的思想，提出了"越名教而任自然"的主张。他们与老子一样，向往着人类最初的古朴的初民时代，认为人类社会的最初阶段是最纯朴的。嵇康说：远古时代，是最朴素的时代，君主在上不发号施令，老百姓在下没有竞争，大家莫不自得，饱则安寝，饿则求食，怡然自乐。阮籍提出了太古无君说，认为太古没有君主，庶物自然安定，没有官吏而万物自理，是一种十分美好的社会，并认为这种自然状态的社会是符合人类自然本性的。所以嵇康十分推崇老子的"见素抱朴"的思想。例如他在《幽愤诗》中称自己是"托好老庄，贱物贵身，志在守朴，养素全真"。如果说何晏、王弼的玄学重在老子学，而嵇康、阮籍不仅崇尚老子学，而且还推尊庄子学。嵇康称："老子庄周，吾之师也。"（《嵇康集·与山巨源绝交书》）阮籍则有《达庄论》一文宣扬庄子学。他们的庄子学有一个共同的特点，就是宣扬庄子逍遥游的思想，希望他们自己能逍遥于世俗之外，不为物累，获得精神上的自由。嵇、阮之所以要宣扬这些思想，这是由于他们在与司马氏的较量中自感到自己力量的单薄，不可能在现实社会中赢得胜利，因此他们产生了消极的"潜遁之志"，幻想脱离尘世，求得精神上的自我安慰。所以，嵇康在《述志诗》中说，他愿意如同潜龙一样，养育身躯，游戏天池，永远浮游于太虚，游心于玄默，不与时俗同污而能逍遥自得。阮籍在《达庄论》中也说，他主张不为世之荣利所累，而能娱乐自己无为之心，逍遥于一世。这种追求精神逍遥的庄学思想，在何晏、王弼的老子学中是很难看到的。嵇、阮的庄子学还对后来的郭象庄子学产生了一定的影响，在这里，嵇康、阮籍的思想起到了承上启下的作用。

第三节　西晋郭象的庄子学

郭象的庄子学最早来源于魏末向秀的庄子学。向秀原是嵇康、阮籍为代表的"竹林七贤"之一，与司马氏并不合作，只是在司马昭杀害了嵇康之后被逼出来做官的。《晋书·向秀传》称他"雅好老庄之学"，曾注《庄子》一书，发扬庄子思想，"振起玄风"。然而，向秀《庄子》注早已佚失，向秀的思想也很难详考。郭象则是西晋名士，生于魏嘉平四年（公元二五二年），卒于西晋怀帝永嘉六年（公元三一二年)。郭象,字子玄,少即有才气,好《老》、《庄》,善于论辩,早年闲居乡里,后出来做官,曾显赫一时。《晋书·向秀传》说,西晋惠帝时,郭象继承了向秀的《庄子注》,并加以发挥,写出了郭象自己的《庄子注》一书。然而《晋书·郭象传》却说,向秀注《庄子》时,仅有《秋水》、《至乐》二篇未注完即去世,之后,向秀的儿子年幼,向秀注本即"零落"。而郭象"为文行薄",剽窃向秀的注本作为自己的注。这两种说法,不论前者正确,还是后者正确,总之,郭象的《庄子注》是与向秀的《庄子注》有着密切关系的,但是向秀注已经佚失,今天我们只能把郭象注作为研究的对象。

按照历史上的说法,向秀、郭象都是讨论了庄子逍遥义的。据梁代刘孝标说,向子期(即向秀)、郭子玄(即郭象)逍遥义说:大鹏高飞九万尺,小雀飞跃在榆树枋树之间,大小高低虽然有差,但各自都能自足其性分,得到逍遥则是一样的(《世说新语·文学》注引)。现存的郭象《庄子注》确是讲足性逍遥的,与刘说一致。这种讲"逍遥"显然与庄子、阮籍、嵇康的思想有差别。庄子、嵇康、阮籍讲逍遥主要是不与世俗合污,远离尘俗,游心于物外,获得精神的自由。向秀、郭象讲逍遥只要求满足自己性分(本分)的要求,所谓"足性逍遥",并不要求脱离尘世生活,并可以照样做官而得逍遥。所以大鹏高飞九万尺，小雀跳跃在榆树之间，两者都可以得到逍遥。依据这种说法，郭象在《庄子注》中还提出了游外以宏内、内圣即外王的思想。何谓"游外以宏内"、"内圣即外王"呢？依郭象看来，游外（逍遥）与宏内（从事世务）、内圣（达到了绝对精神自由的圣人）与外王（日夜从事外部世务的帝王）两者是完全统一的。圣人的内心世界是达到了足性逍遥的最高精神境界的人，同时圣人的本性就是要当统治老百姓的帝王的，虽说他日夜从事于世务，不过他的内心世界并不为这些世务所累，因为他认识到了从事于这些世务就是他自然的本分的事。所以郭象说：圣人虽坐在庙堂（指朝廷）之上，然而他的心无异于处在山林之中，虽说他日理万机而其心则"淡然自若"。这就叫做"游外以宏内"、"内圣即外王"。所有这一套足性逍遥的理论，对被统治者来说，要求他们安于本分；对统治者来说则认为他们是既可以当外王亦可以为圣人的，是对统治者的赞美词。

郭象的哲学思想就是为他的这一足性逍遥学说提供理论根据的。郭象的哲学不同于何晏、王弼的玄学贵无论，他是玄学贵无派的反对派。首先，郭象反对老子的"有生于先"说，他认为，所谓无形无象的"无"就是什么都没有，就是等于"零"，既然"无"就是什么都不存在，那么它怎么能产生出有形有象的"有"的存在呢？同时郭象又反对有"造物主"的存在，认为一个造物主是不可能造出这样众多的万物的。在这里他坚持了无神论思想，并发挥了汉代王充等人黄老学家的天道自然无为的思想，认为天是自然的天，是没有意志的自然物。其次，郭象提出了"有"之"自生独化"的学说。郭象既然认为无不能生有，同时又否定有造物主的存在，那么万有又是怎样产生的呢？郭象认为"有"皆是"自生"的。郭象说，"有"（即每一个具体的事物）与"有"之间都是独立存在的，并不要凭借任何的条件，所以说它的产生是"自生"的，是独自生化的。这种独自生化的现象，郭象把它叫做"独化"。"独化"是无原因无条件的，因此它也就没有一定的规律，而是突然或忽然独化的。每一个事物的存在，只受自己的本性（或叫性分）所决定，不受任何外界事物的制约，所以只要"足性"（满足自己本分的要求）就可以成为逍遥自在（绝对自由）的人。

由此可见，郭象的哲学确是为其足性逍遥的人生哲学作论证的。这种哲学理论的缺陷，在于它否定了事物之间的普遍的联系，从一种绝对孤立的角度考察事物的结果，从而否定了事物联系的必然性，得出了一切事物的产生皆是偶然独化的结论。这种一切皆偶然的理论，最后使他的哲学导致了

第四章　魏晋时期老庄学的风行

不可知论,认为这种偶然独化的现象是不可知的,不可捉摸的。

老子道家思想的发展,在魏晋时代可说是达到了鼎盛时期。自魏晋之后的南北朝时代开始,至唐宋元明清时期,道家的发展出现了一个很大的变化,在此以前的道家基本上是作为一种学说一个学派或一种思潮而存在的,在此之后,由于东晋南北朝时道教得到了兴盛,老子的道家学派思想演变成为中国的一大宗教——道教思想,老子亦成为了道教的教主,与外来的佛教创始人释迦牟尼并提,一般人把他们合称作佛老或释老,并把中国的儒家、外来的佛教和中国本土自生的道教,合称为"儒、佛、老三教",自此道教、道家两者常常合而为一,人们也就不再去区分道教与道家的不同,致使一些学者把它们两者混同为一。但作为严格的科学研究来说,不作这样的区分是不符合中国历史实际的。

第五章 老子道家思想对中国道教思想的影响

道教与佛教不一样，佛教是从古印度传来的文化，而道教是中国本土自生的文化产物。道教起源于战国时代的神仙学，其思想来源可追溯到上古时代的巫祝文化和殷周时的鬼神崇拜。《周礼》上说："大宗伯之职，掌建邦之天神、人鬼、地祇之礼。"天神、人鬼、地祇三类神鬼系统皆成为后来道教信仰的思想内容，而道教的正式形成则在东汉末年的顺帝时期，之后流行于东晋南北朝，隆盛于唐宋时代，至明清走上衰落的道路，其间有一二千年的历史。时至今日，在我国社会上道教仍有一定的影响，道教文化已成为我国传统文化的重要组成部分。

第五章 老子道家思想对中国道教思想的影响

第一节 老子道家思想与道教的形成

道教内容虽说十分庞杂，然究其思想来源主要是这样三大类思想：一为古代社会的鬼神崇拜（巫祝文化）；二为战国以来的神仙方术思想；三为老子的道家学说。这三种思想揉合在一起，就形成了中国道教的思想系统。

远在殷商时代，人们就十分崇拜鬼神，殷人尚鬼，"尊神事鬼"，"先鬼后礼"，相信人死后灵魂不灭，人们向鬼神祈祷，消灾求福。同时，殷人相信天神上帝、相信天命，尤重占卜。这种相信鬼神、相信上帝的思想成为当时古代人们的主要的宗教思想。这些思想尤其在社会民间得到了广泛的流传，也就成为我国道教鬼神崇拜的重要思想来源。

道教信仰的根本宗旨在于神仙学，企求人能长生不死成神仙。这一道教神仙学，直接来源于战国以来的神仙方术思想。在中国古代神仙家也叫做"方士"，因为他们讲长生不死之方术。战国时期燕国和齐国（皆临近渤海湾）中方士颇多。据《史记》记载，齐威王、齐宣王、燕昭王都曾相信过方士，派人入海寻找过仙人和仙药。《史记·封禅书》说："自威、宣、燕昭使人入海求蓬莱、方丈、瀛洲。此三神山者，其传在渤海中，去人不远；患且至则海风引而去。盖尝有至者，诸仙人及不死之药皆在焉。其物禽兽尽白,而黄金银为宫阙。未至,望之如云;及到,三神山反居水下。临之,风辄引去,终莫能至云。世主莫不甘心焉。"可见,齐、燕方士宣扬的主要是仙人仙药与三神山。关于蓬莱、方丈、瀛洲三神山的传说,大概是与渤海中的海市蜃楼这种自然现象有关。至于仙人,《释名》说:"老而不死曰仙。仙,迁也。迁,入山也。"这即是说,长生不死为仙,仙是指迁入山林而生命永存的人。仙人又称为神仙,因为仙人又具有神通变化的能力。《神仙传·彭祖传》说:"仙人者,或竦身入云,无翅而飞;或驾龙乘云,上造天阶;或化为鸟兽,游浮青云或潜行江海,翱翔名山;或食元气,或茹芝草;或出入人间而人不识;或隐其身而莫之见。"总之,仙人是具有神通变化的人。像这样的仙人、神人,早在《庄子》书中就有不少记载。如《庄子·逍遥游》中说:"在遥远的姑射山上,住着一位神人,他的肌肤像冰雪一样洁白,容貌轻盈柔美就像少女一样,不吃五谷,只吸清风饮露水,乘着云气,驾着飞龙,而能遨游于四海之外。"这样的神人就是后来人们所说的神仙。神仙学讲长生不死,所以神仙学又与养生学有着密切的联系。在《庄子》一书中,还有当时的一些养生学的思想记载。如《庄子·刻意》中说:"呼浊气吸清气,吐故纳新,动作像熊之吊颈、鸟之展翅,

第五章　老子道家思想对中国道教思想的影响

其目的是为了延长寿命。这是导引养形的人所喜好的。"这就是后来道教养生学中所讲的吐纳法与导引之术（导引，指导气令和，引体令柔的意思。导引术实质是一种健身运动）。由此可见，战国中期神仙学已经开始在社会上流行。待到秦始皇统一六国之后，徐市上书，"言海中（指渤海）有三神山，名曰蓬莱、方丈、瀛洲，仙人居之"，于是秦始皇"遣徐市发童男女数千人，入海求仙人"，后又使"燕人卢生"求仙人羡门、高誓，求不死之药，其实哪里有神山、仙人仙药呢？结果是秦始皇受了这些方士们的欺骗，最后闹出了坑杀诸生的事件。当时，方士们曾引用邹衍的阴阳五行学说来宣扬神仙鬼神之事，据《史记·封禅书》说，齐威王、宣王之时，邹衍论"终始五德之运"（五德即土、木、金、火、水五种物质德性相克的循环变化，决定朝代兴衰），后秦始皇采用了这一学说，崇尚五德中的水德。而燕国方士宋毋忌、正伯乔、充尚、羡门、高誓等，皆为方仙道，讲形体销化而成仙，讲鬼神之事。并皆传邹衍的阴阳五行说和主运说（命运之说），但"传其术而不能通"。可见邹衍的学说并不能讲清楚神仙之事。

一、神仙学与黄老学的结合

神仙学真正与老子的道家学说联系起来是始于汉初。西汉初年,黄老之学曾经盛极一时,汉代的方士们开始把自己的神仙学与黄老学联系起来,他们假托黄帝与老子来宣扬长生不死成神仙的思想。黄帝本来就是传说中的英雄人物,相传他战败了炎帝,擒杀了蚩尤,是位了不起的人物。因此,汉初的方士们说黄帝是登天成仙的。据史书记载,汉武帝元鼎四年(前一一三年)方士齐人公孙卿对武帝说:黄帝得宝鼎而"仙登于天"。又说:黄帝采首山铜,铸鼎于荆山下,鼎成,"有龙垂胡髯下迎黄帝,黄帝上骑龙,与群臣后宫七十余人俱登天。"(《资治通鉴》卷二十《汉纪十二》)济南人方士公玉带上黄帝时明堂图,对武帝说:"黄帝时虽封泰山,然风后、封巨、岐伯令黄帝封东泰山,禅凡山,合符,然后不死焉。"(《史记》卷二十八《封禅书》)方士李少君者对武帝讲"丹砂可化为黄金",认为把黄金做成饮食器,可以益寿见蓬莱仙,并认为黄帝就是这样见到了仙人以封禅而不死成仙的。为此,武帝遣方士入海求蓬莱仙,并又使人化丹砂为黄金事(《史记·孝武本纪》)。这是较早的关于中国炼丹术的记载。炼制黄金与白银的方法一般称作为"黄白术"。当时的淮南王刘安曾招致宾客方术之士数千人,编写了《内书》二十一篇、《外书》多篇和《中篇》八卷。《中篇》的内容就是讲"神仙黄白之术",但此书早就佚失,内

第五章　老子道家思想对中国道教思想的影响

容不得而知了。

至于老子在西汉时尚未与神仙家有多大的联系，老子尚属于道家人物，而不是神仙家。正如道教学者陈撄宁先生所说："淮南王刘安（武帝之叔父）虽喜神仙，但他所著《淮南子·内篇》中亦未曾把道家和神仙混为一谈。《前汉书·艺文志》列举各家书目，在道家有黄帝又有老子，在神仙家只有黄帝而无老子，可见西汉时的老子还是他本来面目。到东汉时，老子身分才起了变化。"（《道教与养生》第三九页）从史书记载上看，在东汉首先起来神化老子的应首推楚王刘英。东汉时，佛教渐入中土。在外来佛教的"启发"下，神仙家把黄帝和老子一起加以神化，视他们的思想与佛教一样使之开始向宗教发展。《后汉书》卷四十二《楚王英传》说："（刘）英少时好游侠，交通宾客，晚节更喜黄老，学为浮屠斋戒祭祀。"又说："楚王诵黄老之微言，尚浮屠之仁祠，洁斋三月，与神为誓。"这里的"浮屠"即"佛"的异译，斋戒祭祀浮屠与黄帝老子，就是把黄帝与老子看作与佛一样的神。至桓帝时，则更在宫中"设华盖以祠浮屠老子，斯将所谓"听于神"乎！"（《后汉书》卷七《桓帝纪》）同书又说："桓帝即位十八年，好神仙事。延熹八年（公元一六五年），初使中常侍之陈国苦县祠老子。九年，亲祠老子于濯龙。"（《后汉书》志第八《祭祀中》）在这里，桓帝更是把老子当作宗教教主加以顶礼膜拜了。至于当时的人们为什么会把老子当作教主来看待，这是因为老子虽说原本是春秋末年人，并不是神，但他的生平不详，后来传说他活了"百有六十余岁"，或说"二百余岁"，或说"不知所终"，是位修道养寿的人（《史记·老子列传》），以此在老子身上便有了一些神秘的色彩，而这正与方士们讲长生不死、修道养寿有一致的地方，所以神仙家就开始依托于老子了。《老子》一书中也确有方士们可以利用来宣扬长生不死的思想。老子与黄老学一个很重要的特点是他们既讲养生又讲治国，并且把养生与治国的原则看作是一致的。例如老子曾经讲到爱养精神和实行无为而治的问题时说：

　　治理百姓，养护身心，没有比爱惜精神更为重要的了。爱惜精神就是要早服从于道（即无为），早服从于道就是不断的积德，不断的积德就能做到无有不克，无有不克说明他的力量是无穷的。有了无穷的力量就能保护自己的国家，掌握了保护国家的道理，就可长久维持。这就是根深柢固，长生久视的道理。（参见《老子》五十九章）

第五章　老子道家思想对中国道教思想的影响

这本来讲的是爱惜精力,无知无欲实行无为而治,可以长久统治国家的道理。这里的"长生久视"是指国家而言的。但爱惜精神也是养生的原则,爱养精神可以得到长寿的结果。以此在方士们手中"长生久视"也就自然可以说成是一个人的"长生不死"了。再如《老子》中还讲了这样的话:"形体与魂魄能紧密结合在一起而无分离吗?把气聚集起来使身体柔和能做到像婴儿一样吗?"诸如此类的说法亦与养生有关,老子的思想确实与养生的思想有着密切联系。于是方士们抬出了老子说:"老子之道……,恬淡无欲,养精爱气。人以精神为长寿,精神不伤,则寿命长而不死。"(《论衡·道虚》)并认为老子实行了自己的这一原则所以能"逾百(超过百岁)度世(超越世间),为真人矣"(同上)。这样,在方士们手中老子学说也就成为了神仙学说了。更有东汉方士魏伯阳者(名翱,号伯阳,自号云牙子),会稽上虞人,性好道术,曾著《周易参同契》一书,把炼丹术(炉火)与《大易》(即《周易》)和黄老思想互相参合会同,使之契合为一。这是我国历史上用老子思想来解释丹法理论的开始,该书后被道教徒们誉为"丹经之王"。自此黄老思想又成了神仙家炼丹术的理论。

二、早期道教（五斗米道、太平道）与老子道家思想

以上是神仙家在汉代上层社会中流行的情况，然而，上层社会的统治者们还没有能真正建立起一个完整的宗教组织。与之相反，最初的道教组织却在民间创建，并在民间得到了广泛传播。这与东汉末年农民起义运用宗教来组织、宣传和动员群众是分不开的。当时在民间出现了两大道教组织：一是钜鹿人张角领导的太平道（其前身为黄老道）；一是张陵、张衡、张鲁前后领导的五斗米道（后亦称作天师道）。这两大道教都推尊老子，并都与《老子》的思想有着一定的联系。一般学者称这两大道教组织为原始道教或早期道教。

太平道，信奉《太平经》，经中崇尚太平世界（太者大也。平者，言治大平均，凡事悉治，无复不平），故称太平道。《太平经》中承继老子遗教，认为"道"为万物之元首，书中并尊老子为后圣李君是大太平君。以此可见，太平道信奉《太平经》，而《太平经》又推尊老子，所以太平道与其前身黄老道，两者都信奉老子是相一致的。《太平经》是东汉于吉所传《太平青领书》的简称。它在当时民间流传，是最早的一部道经。《后汉书·襄楷传》说："（桓帝）延熹九年，（襄）楷自家诣阙上疏曰：'……臣前上琅邪宫崇受于吉神书（指《太平青领书》），不合明听……'书奏不省。十余日，复上书，曰：

第五章 老子道家思想对中国道教思想的影响

'……前者宫崇所献神书，专以奉天地顺五行为本，亦有兴国广嗣之术……。'"然而桓帝与顺帝并没有相信《太平经》。"后张角颇有其书焉"（同上），农民起义的领袖张角却信奉起了《太平经》。这大概是《太平经》中讲了不少平等、平均，反对剥削，主张"周穷救急"思想的缘故。这些思想显然在不同程度上反映了农民的愿望和要求。所以张角领导的农民能信奉《太平经》，并利用《太平经》中的这些思想来宣传和动员农民参加起义。太平道的起义活动情况，据《后汉书·灵帝纪》中说：中平三年（公元一八九年）春三月，钜鹿人张角自称"黄天"，其部属有三十六方（一方为一组织单位），皆著黄巾，同日反叛。以此太平道起义历史上亦称作黄巾起义。又《后汉书·皇甫嵩传》中说：初起时，钜鹿人张角自称"大贤良师"，奉事黄老道，蓄养弟子，用符水咒语治病，"病者颇愈"，于是百姓向往之。又张角提倡以善道教化天下，十余年后，信徒达数十万，遍布于青、徐、幽、冀、荆、扬、兖、豫八州，从而建三十六方的组织，并宣称"苍天已死，黄天当立"，宣告起义，"旬日之间，天下响应，京师震动"。以此可见，张角领导的太平道，显然是与上层社会流行的神仙学不一样，并不讲长生不死成神仙，而主要讲的是"跪拜首过，符水咒说以疗病"和"苍天已死，黄天当立"等思想。

老子与道家

　　五斗米道与太平道有所不同。据《后汉书·刘焉传》说：张陵（即张道陵，后人称他为张天师）顺帝时客于蜀，学道于鹤鸣山中，造作符书，以惑百姓，凡是参加他"道"的，都要交米五斗，所以当时称他们为"米贼"。张陵传道给其子张衡，张衡传子于张鲁。张鲁自称"师君"，教其徒，讲诚信不欺妄，有病只令其"首过而已"（首过，即指自我反省）。其来学者，初名为"鬼卒"，后号"祭酒"。祭酒各领部众，各起义舍于路，具置米肉以给行旅。旅客量腹而取食，贪食者鬼能使病之。违犯法令的先宽免三次，然后用刑。张鲁当时雄据汉中，"朝廷不能讨"，并拜他为镇夷中郎将，领汉宁太守。张鲁在汉中三十年，最后归顺于曹操，拜为镇南将军，封阆中侯。在张鲁之前，汉中还有张修的，亦为五斗米道，曾经让自己的信徒学习过《老子》五千文（《后汉书·刘焉传》注引《典略》）。张陵、张鲁的五斗米道，亦与老子思想有着密切的关系。相传张陵（一说是张鲁）还著有《老子想尔注》一书，从道教立场发挥了老子的思想。据姚宗颐《老子想尔注校笺》考证，该书为"陵初作注，传衡至鲁，而鲁更加厘定，故有系师（指张鲁）定本之目"。很可能此书是张陵、张鲁先后作注而完成的。书中明确提出"道教"这一名称，道教就是以道为教，奉道为诫，并称老子为太上老君，并认为太

第五章　老子道家思想对中国道教思想的影响

上老君是"道"（亦称为"一"）聚形而成的（"一散形为气，聚形为太上老君"）。书中还提出了有真道教与伪道教之分，可见当时道教确已流行，而且已经有了所谓真伪不同的争论。为什么下层平民主要是农民所倡导的道教会学习起《老子》这一书呢？这大概是老子思想中亦有为农民阶级可利用的东西的缘故。例如《老子》七十七章说："天的法则就像张开弓一样，高的地方压低些，低的地方举高些，有余的损掉些，不足的补充些。"类似这样讲均平的带有平均主义色彩的思想，正符合小农的要求，所以汉代民间的农民道教也就很自然地利用起老子的思想来。张鲁在汉中所设的"义舍"，就是这种平均主义思想的一种表现，以此得到了农民的信任和响应。正由于太平道与五斗米道反映了农民的要求，所以它们能在群众中得到广泛的传播，起到了宣传和组织群众起义的作用。自此道教也就正式在中华大地上产生，后来的道教信徒一般都把张陵当作中国道教的最早创始人。

　　汉代是中国道教形成的重要时期，不论是上层社会的道教，还是下层民间的道教，两者都在汉代得到了相当的发展。上层社会的道教，有人把它称作为贵族道教，他们追求的是通过炼养成为长生不死的神仙。下层民间的道教则更多地偏重于驱鬼治病禳邪祛祸等活动。贵族道教一般得到统治阶级的支持和提倡,成为以后道教发展的主流。而下层民间的道教则在民间中流行,往往也被统治者所利用,但有时也与当时的农民起义相联系,从而受到统治阶级的排摈。然而,不论上层社会的道教,还是下层民间的道教,他们都在不同程度上与老子的道家思想有着密切的联系。总之,自汉代开始,道教成为中国数千年的传统文化的一个重要组成部分。它对中国社会产生了极其深远的影响。

第二节　老子道家思想与道教的基本教义

道教尊老子为教祖,称老子为太上老君,并把他的著作《道德经》当作自己宗教的主要经典。《道德经》基本内容主要是讲"道",认为"道"是宇宙万物的本原,以此天地万物和人类皆应效法于"道",人们的一切行为都应按照"道"的原则行事。所以道教的基本教义,就是以"道"来教化信徒,按照"道"的原则办事,以此叫"道教"。

道教最根本的信仰是"道",道教的教理教义都是由此而衍化产生的。

第五章　老子道家思想对中国道教思想的影响

一、道教的宇宙观与老子道家思想

道教的宇宙观，是继承了老子思想而来的以"道"为核心的宇宙观。道教认为，道无所不在，无所不包，是天地万物的开始，是世界的本原，有了道才产生出宇宙万物。《老子想尔注》："道者天下万物之本。"这是说，道是万物的根本。《太平经》讲得更清楚，它说："夫道何等也？万物之元首，不可得名者。元极之中，无道不能变化。元气行道，以生万物，天地大小，无不由道而生者也。"（《太平经》卷十八至三十四）道是万物之元首，元气行道则生万物。这一说法虽说与老子的道生天地万物的思想有一些不同，认为元气行道生万物，而元气本身并不是道产生的，但道为万物之元首的思想明显是继承了老子的。《抱朴子·道意篇》说："道者涵乾括坤，其本无名。……不能寻其音声乎窈冥之内，……不能迹其兆朕乎宇宙之外。"意即道是无名、无声、无形的，然而它能"为声之声，为响之响，为形之形，为影之影，方者得之而静，圆者得之而动，降者得之而俯，升者得之以仰，虽名为道，已失其真，它不可言语"，却是"宇宙太初之本"。相传为葛玄所传，很可能是唐、五代道流所作的《太上老君说常清静妙经》（简称《清静经》）中则说："大道无形，生育天地；大道无情，运行日月；大道无名，长养万物。"

129

天地、日月、万物皆是大道所生所养，这明显是对老子道生万物思想的具体解释。由此可见，"道"已成为道教哲学中的根本观念。

二、道教的炼养术与老子的道家思想

《道德经》中既讲道，也讲德。德的含义较多，一般在《道德经》中指道的本性谓玄德，也指体道的圣人的本性，亦称作玄德或常德。在道家学派中还有把"德"解释为"得"的，"德者得也"，谓得于道而言。道教也继承了这一说法，如《自然经》中说"德"就是"得于道果"的意思。唐玄宗在《道德经》御注序中说："道之在我者就是德。"所以德有得道的意思。以此道教认为，只要修道，按照道的原则修炼身体就能得道，就可成为长生不死的神仙，永远摆脱尘世的烦恼。

老子提出的有关"道"的原则，是既可以用来治国，亦可以用来治身即养生的。以此，老子的关于"道"的学说，也就成为了后来道教养生修炼学说的理论基础。这些思想主要是老子所提出的主静思想，即清静无为的思想，以及在此基础上提出的恬淡寡欲、绝圣弃智、啬养精神、搏气至柔等思想。在这些思想指引下，道教提出了许多修炼养生的方法。这些方法一般叫作"道术"。"道家之术，杂而多端。"确实道教的"道术"很多，把它们归结起来加以考察，主要有这样几种修炼养生之道：

（一）养神之道

老子道家宣扬的是追求一个人的精神宁静，使自己的精神不受任何的干扰。道教继承了这种精神主静的学说，认为要使人长寿不死就必须使自己的精神保持恬静，不受任何的外来损伤，所以在早期的道教经典《太平经》中即已提出："静身存神，即病不加也，年寿长矣，……。故天地立身以靖，守以神，兴以道。故人能清静，抱精神，思虑不失，即凶邪不得入矣。"（《太平经》卷一百五十四至一百七十）人能清静，抱精神，不使精神外失，即可凶邪不入而长寿。由此可见，《太平经》已经认识到了养神对于生命长寿的重要性。以此还提出了潜心静养的守一之法，并认为"守一明之法"乃是"长寿之根"、"万岁之术"。最后《太平经》还认为，要使自己做到清静无为，必须做到老子的守柔不争的思想。所以《太平经》卷一百一说："守柔者长寿，好斗者令人不存。"东晋的葛洪更是发挥了老子和《太平经》的守一主静的学说：

老君曰："忽兮恍兮，其中有象；恍兮忽兮，其中有物。一之道也。"故《仙经》曰："子欲长生，守一当明。"（《抱朴子·地真》）

131

"一"就是宇宙的本原"道",守一就是守道,道是永恒的,所以守一即能长生不死。并且葛洪认为"一"体现在人身上还有具体的部位,或者存在于脐下的下丹田中,或者存在于心下的中丹田中,或者存在于人两眉间的上丹田中。以此"守一"也就成了"守丹田"之法。这种"守一"、"守丹田"之法以后成了道教修养的基本功夫之一,这实际是一种静养功法。唐代的著名道士司马承祯根据老子庄子的主静学说,尤其是《庄子·大宗师》中所讲的"坐忘"思想,撰写了《坐忘论》一书,更全面地发挥了这一主静养神的学说。

《坐忘论》说:"人之所贵者生也,生之所贵者道也。"然而怎样才能修行得"道"呢?司马承祯提出了"安心坐忘"之法的七阶段学说,把养神的功夫看成是一个循序渐进的过程。这七个阶段是:①"信敬"。《坐忘论》说:"夫信者道之根,敬者德之蒂。根深则道可长,蒂固则德可茂。"只有信仰道,尊敬道,才是修道的基础,所以"信敬"是修道的第一要求,也是修道开始的第一步。②"断缘"。"断缘者,谓断有为俗事之缘也。"断缘即指去掉一切俗务,闭塞视听,不与外界接触,做到恬淡无为,"无事安闲,方可修道"。③"收心"。"心者一身之主,百神之师,静则生慧,动则成昏",以此心宜静而不应动,"所以学道之初,要须安坐,

第五章 老子道家思想对中国道教思想的影响

收心离境(境指外界对象),住无所有,不著一物,自入虚无,心乃合道"。这即是说,心要做到虚无空灵,没有感觉没有思虑的绝对虚静的状态。④"简事"。"修道之人要须断简事物",一切非分之事、非当之事皆能劳形伤神,一切"情欲之余好",皆"非益生之良药",并须去之。⑤"真观"。"观者智士之先鉴,能人之善察",然而怎样才能做到"先鉴善察"呢?《坐忘论》认为只有"收心简事,日损有为,体静心闲,方能观见真理"。⑥"泰定"。泰定是指弃绝了俗务,收心安心,做到了"形如槁木,心若死灰,无感无求,寂泊之至,无心于定,而无所不定,故曰泰定"。这也就是做到了庄子所说的"黜聪隳体"、"同于大通"的"坐忘"境地。⑦"得道"。"神与道合,谓之得道",做到了坐忘,即能"神与道合","与道冥一"。"人怀道,形体得之永固",成为"神人"。司马承祯《坐忘论》所提出来的这一套清静养心(养神)之道,成了后世道教徒养生所共同遵循的准则。

(二)养气之道

道教认为,人的身体是由气构成的,气存则身存,"气竭即身死",人的生命力之源泉在于体内之气,为了延年益寿,就要不断充实和炼养体中之气。所以养生的问题也是养气的问题。

关于人体是由气构成的问题，老子早已谈及。如《老子》说："道生一，一生二，二生三，三生万物。万物负阴而抱阳，冲气以为和。"万物是由气所成，人则是万物中之一物。所以人也是由气所成的。《庄子·刻意篇》记载了战国时养寿者所作的食气吐纳之法。"吹响呼吸，吐故纳新，……为寿而已。"吹者吐气，响者吸气，吐其浊气，纳其新气。这就是服气吐纳之法。葛洪说："夫吐故纳新者，因气以长气。"(《抱朴子·极言》)。吐纳法实是一种养气之法。按照《养性延命录·服气疗病》引《服气经》说："道者气也。保气则得道，得道则长存。"而吐故纳新就是为了保气，保气即是得道，所以吐纳法能使人益寿长生。这里"道者气也"的思想，又与先秦稷下黄老学把道看作是气的思想相一致。《服气疗病》还把吐纳法具体地解释为"纳气有一，吐气有六"的方法。所谓纳气有一者即指吸气。所谓吐气有六者即指吹、呼、唏、呵、嘘、呬种吐气的方法。并认为："吹以去热，呼以去风，唏以去烦，呵以下气，嘘以散滞，呬以解极（极指过度）。"六种吐气的方法各有自己的功能。由于这六种吐气方法的功能不同，以此可治疗不同的疾病："心脏病者，体有冷热，吹呼二气出之；肺脏病者，胸膈胀满，嘘气出之；脾脏病者，体上游风习习，身痒胸闷，唏气出之；肝脏病者，眼疼愁忧不乐，呵气出之。"吐纳服气之法，还当气息均匀微缓而深长，以此又提出了"行气"、"胎息"之法。"凡行气以鼻内（纳）气，以口吐气，微而引之，名曰长息。"行气即是缓慢地引导气息的出入。孙思邈的《摄养枕中方》更详细地把行气解释为："凡行气之道，其法当在密室，闭户安床暖席，枕高二寸半，正身偃卧，瞑目闭气，自止于胸隔，以鸿毛著鼻上，毛不动，经三百息，耳无所闻，目无所见，心无所思，……"如此锻炼呼吸即谓之行气。至于胎息，《抱朴子·释滞》："得胎息者，能不以鼻口嘘吸，如人在胞胎之中。"胎息犹如胎儿在母腹，鼻无出入之气。类似于胎息之法的服气说，最早是由庄子提出的。《庄子·大宗师》："古之真人，其寝不梦，其觉无忧，其食不甘（不求甜美之食），其息深深（呼吸深沉）。真人之息以踵（脚跟），众人之息以喉。"真人不以鼻喉呼吸，而用"踵"，能不以鼻口嘘吸，这说明其气息十分深沉，故后来道教徒以此提出了胎息之法。

（三）保精之道

道教十分重视保精养精之术的研究，其术称之为"房中术"，亦称为"阴道"、"黄赤之道"或"男女合气之术"。马王堆西汉古墓中出土的《养生方》中即有房中术的较为详细的论说。《汉书·艺文志》则载有房中术的著作有："容成阴道二十六卷、务成子阴道三十六卷、尧舜阴道二十三卷、汤盘庚阴道二十卷、天老杂子阴道二十五卷、天一阴道二十四卷、黄帝三王养阳方二十卷、三家内房有子方十七卷，总房中家百八十六卷。"并对房中术加以评论说："房中者，情性之极，至道之际，是以圣王制外乐以禁内情，而为之节文。传曰：'先王之作乐，所以节百事也'。乐而有节，则和平寿考。及迷者弗顾，以生疾而陨性命。"可见房中术讲的是节制性欲的长寿之道，即所谓保精养精之道。房中术最早是由方士所提出，在早期道教的典籍《老子想尔注》中即已吸收了这一思想，并加以论证说："精结成神，阳气有余，务当自爱，闭心绝念，不可骄欺阴也。"又说："人之精气满藏中，苦无爱守之者，不肯自然闭心而揣棁之（即捶而锐之），即大迷矣。""结精成神"，人旺盛的生命力来源于"精"（亦称精气）。如果不能保精，而放纵性欲，则必早衰逝而不能长存。以此《想尔注》说："能用此道，应得仙寿，男女之事，不可不勤（勤，尽也）。"可见张陵、张鲁的五斗米道，确是讲房中术的，所以后来北魏道士寇谦之针对五斗米道而提出了"清整道教，除去三张伪法，租米钱税，及男女合气之术"（《魏书·释老志》）。但保精养精的思想仍为后来道教养生学所重视。在汉代另一道教典籍《老子》河上公注中说："人

第五章 老子道家思想对中国道教思想的影响

能保身中之道,使精气不劳,五神不苦,则可以长久。"又说:"人能以气为根,以精为蒂,如树根不深,则枝蒂不坚则落,言深藏其气,固守其精,使无漏泄。深根固蒂者,乃长生久视之道。"藏气固精,不使漏泄,讲的也是节制性欲,保气养精的道理。之后东晋的著名道教理论家葛洪,则认为,"或以补救损伤,或以攻治重病,或以采阴益阳,或以增年延寿,其大要,在于还精补脑之一事耳"(《抱朴子·释滞》)。"还精补脑"即是讲节制房事的房中术。所以葛洪说:"或但知服草药,而不知还年之要术,则终无久生之理也。"(《抱朴子·极言》又说:"凡服药千种,三牲之养,而不知房中之术,亦无所益也。"(《抱朴子·微旨》)在这里,葛洪把房中术当作是延年益寿之要术来看待的。著名的道教养生学经典《黄庭经》也把房中术当作养生学中的一种重要的方法。《黄庭外景经·长生章》中说:"长生至慎房中急,弃捐淫欲专守精。"这即是说,长生之道,最要戒慎的,不过房中之事为至急,捐弃淫欲,保守精气,即可得到长生。《黄庭内景经·琼室章》也说:"长生至慎房中急,何为死作令神泣,忽之祸兮三灵没。"不戒慎房事,淫欲妄为,致使精气神三灵俱为灭没,病患夭横之祸不可避免,这样做怎能得到长寿呢?所以长生之道,懂得房中之术是极为重要的。

保精养精之房中术,其思想渊源亦可追溯到老子。虽说老子并没有明确提出房中之术,但老子说:"含德之厚,比于赤子。毒虫不螫(毒虫用尾端刺人谓之螫),猛兽不据(兽以爪攫物谓之据),攫鸟不搏(用爪攫物之鸟谓之攫鸟。搏,击也)。骨弱筋柔而握固。未知牝牡之合(男女之合)而朘作(婴孩生殖器翘起谓朘作),精之至也。"(《老子》五十五章)老子认为,含"德"深厚的人,就像婴儿一样,毒虫不能刺伤他,猛兽不能伤害他,凶鸟不能搏击他。他筋骨柔弱拳头却握得很牢固。他的生命力很旺盛,尚不知道男女交合而小生殖器却常翘起,这是他精气充足的缘故。可见老子已经认为,一个人的生命力或生殖力的旺盛与否,是由他内部包含的"精"的充足不充足所决定的。以此老子还提出了"治人事天,莫若啬"的思想,啬者,爱惜的意思。对此,河上公注说:"治身者,当爱精气,不放逸。"这就是守精保精的思想。以后的方士们很可能就据此提出了房中之道。

(四)内外丹道

炼丹术是道教的重要道术之一。道教炼丹术源于古代的一种方术(炼金术)。炼丹术有内丹与外丹之分,"药能固形,外丹也"。外丹即是用铅汞等"药物"作原料,放在炉火中烧炼而成的丹药(即金丹)。道教认为,服食金丹即能

第五章　老子道家思想对中国道教思想的影响

长生不死成神仙。《抱朴子·金丹篇》说："夫五谷犹能活人，人得之则生，绝之则死，又况于上品之神药，其益人岂不万倍于五谷耶？夫金丹之为物，烧之愈久，变化愈妙，黄金入火，百炼不消，……服此二药，炼人身体，故能令人不老不死。"又说："服此而不仙，则古来无仙矣。"历史上许多道教的信徒，都幻想服此金丹能成仙而长生不老，殊不知铅汞之物是剧毒的东西，在历史上服食而致丧命的不乏其人，酿成了一起又一起的悲剧。"气能存生，内丹也。"内丹与外丹不一样，外丹是在身外烧炼铅汞炼制丹药，而内丹即以人的身体自身为炉鼎，以体内的"精"、"气"为药物，运用"神"去烧炼，使"精"、"气"、"神"三者凝聚不散而结成"圣胎"，即内丹。道教徒相信炼就了内丹即能长生不死。内丹术与中国古代的养气养生学、气功学有着密切的关系。

道教炼丹术不论外丹还是内丹，在历史上也都受到老子思想的影响。例如被后人誉为"万古丹经王"的东汉魏伯阳所著的《周事参同契》，主要是炼外丹的（当然也包含有炼内丹的思想），就是把"炉火"、"大易"、"黄老"三者互相参合会同而成的著作。书中的许多思想直接导源于老子。正如陈撄宁所说："例如：'引内养性，黄老自然；无平不陂，道之自然；施化之道，天地自然；阴阳相饮食，交感道自然；

139

以类辅自然，物成易陶冶；自然之所为兮，非有邪伪道。'以上有六个'自然'，都是根据《老子》'道法自然'这一句最高的教义而来。又如：'以无制有，器用者空'，此即《老子》所谓'有之以为利，无之以为用'。又如：'反者道之验，弱者德之柄'，即是从《老子》'反者道之动，弱者道之用'变换出来的。其他如：'含德之厚，归根返元，抱一毋舍，可以长存。上德无为，不以察求；下德为之，其用不休。知白守黑，神明自来。先天地生，巍巍尊高'。这些文句都是发源于《老子》。"（陈撄宁《道教与养生》）由此可见，魏伯阳的《周易参同契》是与老子的思想，尤其是自然无为思想有着密切关系的。北宋张紫阳所撰的著名的内丹著作《悟真篇》更与老子的学说有着密切的联系。内丹之道从天地万物的生成之源出发，从"人身一小天地"的天人合一观念出发，考察人的生命现象，提出了"虚化神，神化气，气化精，是顺则生人；炼精化气，炼气化神，炼神还虚，是逆则成仙"的思想，即认为"虚生人"与"人还虚成仙"的过程是一对相反的过程。这实际上就是老子所说的无中生有，以及有之返本归无的两个过程。以此内丹的理论与外丹说相比，更是直接继承了老子的思想。《悟真篇》是内丹的重要代表作，它的理论主要来源就是老子的思想。例如它在讲宇宙万物生成的学说时说:"道自虚无生一气,便从一气产阴阳,阴阳再合成三体,三体重生万物昌。"(《悟真篇》第十二首)这分明就是《老子》第四十二章所说的"道生一,一生二,二生三,三生万物"的思想。又如:《悟真篇》第五十一首说:"万物芸芸各返根,返根复命即常存,知常返本人难会,妄作招凶往往闻。"这一返根常存的思想,其实就是《老子》第十六章中所说的"夫物芸芸,各复归其根,归根曰静,是谓复命,复命曰常,知常曰明,不知常,妄作凶"的思想。诸如此类的例子在《悟真篇》中还有不少,可见内丹术的理论确是导源于老子的。

第三节 老子与道教尊神

道教中人奉老子为教主,尊老子为"太上老君",老子成了道教史上最早出现的第一位尊神。早在汉代黄老学流行之后,方士们就开始崇奉老子为自己的祖师。东汉明帝时的楚王刘英既"诵黄老之微言",又"尚浮屠之仁祠(慈)",并斋戒祭祀浮屠(佛)与黄帝、老子,就开始把黄帝老子看作与佛一样的神。方士们则称老子为"真人",当时王充的《论衡·道虚》记载说:"老子之道,……恬淡无欲,养精爱气。

夫人以精神为寿命，精神不伤，则寿命长而不死。成事，老子行之，逾百度世，为真人矣。"在这里，老子已经成为神仙学中的"真人"了。至桓帝时，更在宫中"设华盖以祠浮屠老子"，并派人到陈国苦县祠老子，同时又亲祠老子于濯龙。到这时，老子已成为皇帝所崇奉的宗教教主了。在东汉的早期道教的经典《太平经》中则把老子尊称为后圣李君，《太平经》卷一至十七记载说，"大太平君定姓名者，李君也"。又说他"升为仙真之官，遂登后圣之位矣"。《三洞珠囊》卷九存太平部卷第八《老子传授经戒仪注诀》说，"老子者，得道之大圣，幽显所共师者也"。又说，"无极之极，极乎太玄。太玄者，太宗极主之所都也。老子都此，化应十方"。很明显，在《太平经》中老子被尊为"后圣"，或尊为"太宗极主"，即最高的道教教主的。

老子被尊为"太上老君"最早见于张陵、张鲁所著的《老子想尔注》中。《老子想尔注》是早期道教五斗米道的重要典籍，书中说："一者道也。……一在天地外，入在天地间，但往来人身中耳……。一散形为气，聚形为太上老君，常治昆仑，或言虚无，或言自然，或言无名，皆同一耳。"太上老君是道的化身，道散形为气，聚形则为太上老君。这是历史上第一次尊老子为太上老君，也是第一次把老子当作道的化身，

第五章　老子道家思想对中国道教思想的影响

从而确定下来了老子的最高道教尊神的地位。

东晋的道教理论家葛洪在其所著的《抱朴子》中，则把老子称作老君。例如《抱朴子·地真篇》说："老君曰：'忽兮恍兮，其中有象；恍兮忽兮，其中有物'。一之谓也。"又如《抱朴子·杂应篇》说："老君真形见，则起再拜，老君真形者，思之：姓李，名聃，字伯阳。"老君虽说是道教中人膜拜的对象，但葛洪对老庄思想又持一定的批评态度，他说："又五千文虽出老子，然皆泛论较略耳，其中了不肯首尾全举其事，……。但暗诵此经而不得要道，直徒劳耳，又况不及者乎？至于文子庄子关令尹喜之徒，其属文笔虽祖述黄老，宪章玄虚，但演其大旨，永无至言，或复齐死生谓无异，以存活为徭役，以殂没为休息，其去神仙，已千亿里矣。"（《抱朴子·释滞》）认为《老子》一书"泛论"笼统，首尾不得一贯，《文子》、《庄子》更是"永无至言"，指责它们"去神仙，已千亿里矣"。这说明老子、庄子在道教中的地位远没有达到唐以后的高度，所以葛洪尚能抨击他们的著作和思想，指出他们思想中有许多不符合神仙家的地方。

继张陵、张鲁《老子想尔注》之后，崇奉老子为太上老君的当推北魏道士寇谦之。据《魏书·释老志》说："谦之守志嵩岳，精专不懈，以神瑞二年（公元四一五年）十月乙卯,忽遇大神,乘云驾龙,导从百灵,仙人玉女,左右侍卫,集止山顶,称太上老君。"又说:"(太上老君)谓谦之曰:'……,吾故来观汝,授汝天师之位,赐汝《云中音诵新科之诫》二十卷'"云云。以此寇谦之改革了"三张(张陵、张衡、张鲁)伪法",建立了新天师道。这是正史上首次见到有关"太上老君"的记载,"太上"二字是至高无上之义。"太上"这两个字在道家典籍中最早始见于老子的《道德经》。《道德经》十七章说:"太上,下知有之,其次亲而誉之,其次畏之,其下侮之。信不足焉,有不信焉。悠兮其贵言,功成事遂,百姓皆谓我自然。"这是讲的最高的统治者圣人实行无为而治的情况。最好的君主(圣人),老百姓仅仅知道有他在上面。次一等的君主,老百姓则亲爱他称誉之。再次一等的君主,老百姓则害怕他。最下等的君主,老百姓辱骂他,最好的君主(圣人)不好言说,功成了,事就了,而老百姓却说是他们自己成就的,似乎与君主没有关系。老子认为,这样的君主是最好的最高的君主,可称之为"太上"。道教称老子为"太上老君"则又不同于《老子》一书中的"太上"。《老子》一书中的"太上"指的是无为而治的最好最高的君王(圣人),而道教的"太上"指的是最高的尊神,所以《魏书·释老志》说:"道家之原,出于老子。其自言也,先天地生,

第五章　老子道家思想对中国道教思想的影响

以资万类。上处玉京，为神王之宗；下有紫微，为飞仙之主。"太上老君是神王之宗，飞仙之主，"一切诸神，咸所统摄"，是最高无上的尊神。

活动于南朝齐梁朝的道士陶弘景，著有《真灵位业图》一书，首次编排道教神系，把道教诸神分为七阶：第一阶，上清虚皇道君，即元始天尊；第二阶，上清高圣太上玉晨玄皇大道君（为万道之主）；第三阶，太极金阙帝君，姓李（但不是太上老君）；第四阶，太清太上老君（为太清道主，下临万民）及上皇太上无上大道君；第五阶，九宫尚书（姓张名奉字公先，为太极仙侯）；第六阶，右禁郎定录真君中茅君（治华阳洞天）；第七阶，酆都北阴大帝（炎帝大庭氏，讳庆甲，天下鬼神之宗）。按照这一神系的排列，第一阶中央正位为元始天尊，第四阶才是太上老君，以此说法，"太上老君"就已经不再是道教中的第一尊神了，他只是下临万民的太清道主。

至李唐王朝的建立，李氏为了抬高自己的地位，自称是老子的后裔，把老子尊崇到了极高的地位。唐高宗乾封元年（公元六六六年），高宗李治亲临亳州老君庙祭祀老子，追尊老子为太上玄元皇帝。唐玄宗李隆基又于天宝元年（公元七四二年）"亲享玄元皇帝于新庙"，追尊"庄子号为南华真人，文子号为通玄真人，列子号为冲虚真人，庚桑子号为洞虚真人。其四子所著书改为真经"（《旧唐书·玄宗本纪》），从而把先秦道家中的主要人物皆尊为真人。并于天宝二年加尊老子号为大圣祖玄元皇帝，后又尊号为圣祖大道玄元皇帝和大圣祖高上大道金阙玄元天皇大帝，把老子尊崇到了极端的地位。

自唐至宋，在道教界中逐渐地形成了有所谓三清尊神之说。所谓三清尊神，指居于三清天、三清境的三位尊神。即居于清微天玉清境的元始天尊（亦称天宝君），居于禹余天上清境的灵宝天尊（亦称太上道君），居于大赤天太清境的道德天尊（亦称太上老君）。这三位尊神主三天三仙境，亦称为三洞教主。自此太上老君成为了三清天尊之一。南宋朱熹《朱子语类·灵宝条》说："道教以元始天尊、太上道君、太上老君为三清。"可见当时已经确定了三清的地位，从而三清成为道教中所崇奉的最高尊神。太上老君则成为位于元始天尊、灵宝天尊之后的一位尊神。但道教中人也有所谓"老子一气化三清"之说，认为元始、灵宝他们都是老子的化身，还是把老子（太上老君）当作最高第一尊神看待的。

第六章 老子道家思想对中国佛教思想的影响

佛教是经过西域传入中国的。西汉武帝时，汉代进入了鼎盛时期。当时，汉王朝经济、政治、军事力量都十分强大，其势力影响到边远的西域诸国（今新疆天山南北路和前苏联的阿姆河流域一带）。公元前一三八年，武帝遣张骞出使西域，经河西走廊、天山南路越过葱岭，直达大月氏（前苏联阿姆河流域）等国。公元前一一五年，张骞再次远征西域，打通了中国内地与西域诸国的交通。此后，汉武帝又派遣使臣至安息（波斯）、身毒（印度）、奄蔡（咸海与里海之间地域）等国，直接与印度和中亚诸国有了交往，从而沟通了中国与远西地区诸国经济、文化的交流，这为印度佛教文化的东渐创造了便利的条件。印度阿育王时代（相当我国的秦王朝），佛教兴盛，影响波及中亚。大约在公元一世纪（相当于我国的西汉末东汉初），大月氏侵入印度，建立了贵霜王朝，而

老子与道家

其王迦腻色迦笃信佛教大弘佛法，被后世佛教徒推尊为护法名王之一。由此可推知，"佛法之传布西域，东及支那，月氏领地实至重要也"（汤用彤《汉魏两晋南北朝佛教史》）。至于佛教传入中国内地的年代，现已很难推定。在中国历史上相传有多种说法：有周穆王时有化人来云是佛神之说；有秦穆公烧香礼佛说；有孔子已知西方有佛说；有燕昭王时印度僧人来燕都出浮屠佛塔说；有秦始皇时外国沙门持佛经来化始皇说等等。这些传说皆是后人伪造的，并非实事。周穆王秦穆公，一为西周初期人，一为春秋时人，当时印度尚未有佛教，因此不可能有佛教东来之可能。又孔子与释迦牟尼大致为同时代人，中印当时交通阻隔，孔子何能得知西方有佛？至于燕昭王、秦始皇时，西域交通尚未打通，印度僧人也不可能前来中国。只是在汉武帝时，张骞出使西域，才打开了通往西域的交通。据《魏志·释老志》说："及开西域，遣张骞使大夏（前苏联阿姆河南部）还，传其旁有身毒国（即印度），一名天竺，始闻浮屠之教。"这一张骞听说印度有"浮屠"（佛）教的记载，可能是符合当时的历史实际的。但这并不能说佛教已经传入中土。《魏志·释老志》又说：汉武帝元狩中（公元前一二二年至公元前一一七年为元狩年号）遣霍去病将军西征匈奴而大获全胜，当时匈奴昆邪王杀休屠

第六章 老子道家思想对中国佛教的影响

王,率其部众五万降汉,并献其金人,以为大神,列于甘泉宫,不祭祀,仅烧香礼拜而已,并认为这金人就是佛,这就是"佛道流通之渐也"。那么这是否就能标志着佛教开始传入中土呢?这里的金人是否就是佛像,还是值得怀疑的。据汤用彤先生考证,"休屠王作金人,为祭天主",是作为天神祭祀的(《汉魏两晋南北朝佛教史》)。因此这里的金人很难断定就是佛像。所以《史记》、《汉书》的记载中都未言及佛教事。最初佛教传入中国内地之记载,当无可疑者,应为汉哀帝元寿元年(公元前二年),大月氏王使伊存口授《浮屠经》事。此事记载在鱼豢的《魏略·西戎传》中,《三国志》裴注引之。其传文说:

> 昔汉哀帝元寿元年,博士弟子景卢,受大月支王使伊存口授《浮屠经》。

西汉时,大月氏已经崇信佛法,大月氏王使来华口授《浮屠经》(浮屠,佛之异译),而中国博士弟子景卢传受之。按当时的历史实际来看,这一记载确是可能的。以此可知,佛教传入中国内地当在西汉末年汉哀帝元寿年间(公元前二年)。

149

西汉末年佛教虽说已经介绍到中国，但并未得到王公朝贵的重视和崇信，史书上尚未记载有佛教的活动。只是到了东汉明帝时，才有王公大人信奉佛教的，其主要人物即是楚王刘英。楚王英"少时好游侠"，"晚节更喜黄老，学为浮屠（佛教）斋戒祭祀"（《后汉书·楚王英传》）。可见其时楚王英已斋戒祭祀浮屠，崇信佛教。汉明帝永平八年（公元六五年），明帝下诏盛赞楚王英"诵黄老之微言，尚浮屠之仁祠，洁斋三月，与神为誓"（同上），并以此诏"班示诸国中传"。由此可见，明帝也开始提倡黄老方术和佛教信仰了。因此，相传有汉明帝梦见金人佛象，并于永平七年或说十年遣使大月氏求取佛经《四十二章经》之说（《牟子理惑论》、《四十二章经序》及《老子化胡经》等）。不管这一说法是不是事实，但它已说明了明帝时佛教确实在中国上层社会中开始流行。所以《后汉书》卷八十八《西域传》说：

楚王英始信其术（即佛教），中国因此颇有奉其道者。后桓帝好神数，祀浮屠老子，百姓稍有奉者，后遂转盛。

看来，这一记载是符合历史的。

东汉末桓、灵之世，西域僧人来华弘扬佛教和翻译佛经，

第六章　老子道家思想对中国佛教的影响

其著名者有安清和支谶两人。安清，字世高，安息国王之子，让国于叔父，于汉桓帝建和二年（公元一四八年）来洛阳，前后翻译佛经三十余部，数百万言。世高之学重在禅学，其翻译的佛经亦以禅学为主（属小乘佛教禅法）。自此，印度佛教的禅法开始传入中土。与安世高同时来华译经的还有西域僧人支谶。支谶乃是支娄迦谶的简称，为月氏国人。他所翻译的佛典主要是大乘空宗般若系的《般若道行经》，亦称作《小品经》。自此，大乘空宗的经典开始传入中国，对中国佛教产生了很大的影响。

第一节　汉代佛教与黄老方术思想的结合

汉代属佛教初传时期，人们对印度佛教尚缺乏应有的认识，一般人皆以本国原有的宗教思想来解释、说明和理解印度的佛教。当时黄老神仙方术思想盛行，因此人们也就用黄老方术的神仙学思想来理解佛教，把佛教当作黄老道术的一种，称佛教为"佛道"。于是楚王英既诵黄老之微言，又尚浮屠之仁祠（仁慈），汉桓帝在宫中设华盖并祀浮屠与老子两氏。以此看来，一般佛教史学者把汉代的佛教称之为佛教方术化时期是有道理的。

汉代"佛道"思想的特点：

（1）佛即是神仙。佛教中尊崇的"佛"，汉代人理解为就是中国人所崇奉的"神"。《后汉书》卷八十八《西域传》记载说："世传明帝梦见金人，长大，顶有光明。以问群臣，或曰：'西方有神，名曰佛。'"汉末牟融所作的《理惑论》说得更清楚："佛"就像中国的"三皇神、五帝圣也。"中国的"神"具有无比的威力和神通，因此汉人信奉的"佛"也首先是具有无边广大神通的神。如袁宏《后汉纪》卷十说："佛身长一丈六尺，黄金色，项中佩日月光，变化无方，无所不入，故能化通万物，而大济群生。"又如《理惑论》说："佛之言觉也，恍惚变化，分身散体，或存或亡，能小能大，能圆能方，能老能少，能隐能彰，蹈火不烧，履刃不伤，在污不染，在祸无殃，欲行则飞，坐则扬光，故号佛也。"这样的具有神通广大的佛，确是与中国神仙方士们所讲的神仙是一样的。在印度佛教初创时期，释迦牟尼并不具有神力，他尚是世俗社会中的圣人贤人。只是在后来的佛教中释迦牟尼才被神化起来的。其佛教传入中国时，被神化了的释迦牟尼佛，正与中国两汉时代黄老方术把老子神化相一致。当时人们也就很自然地用中国的神仙来看待佛教中的佛，佛与神也就合二而一了。

第六章 老子道家思想对中国佛教的影响

（2）佛教的涅槃寂静说即是老子的清静无为思想。佛教讲的涅槃寂静，汉代人把它理解为老子所说的清静无为，于是"无为"两字成了"涅槃"的古译。汉末的重要佛教著作《理惑论》在解释佛道的"道"时说："道之言导也，导人致于无为，牵之无前，引之无后，举之无上，抑之无下，视之无形，听之无声，……故谓之道。"这就是说，佛教所追求的目的，就在于导人至无为之境。很显然，这里的"无为"就是指"涅槃寂静"而言的。所以袁宏《后汉纪》中亦说："沙门者，汉言息也。盖息意去欲，而归于无为也。"襄楷疏中也说："此道（指佛道）贵尚无为。"（《后汉书·襄楷传》）这些都是用老子的清静无为思想来理解和解释佛教的涅槃学说的。汉代人也常好用老子的无欲去奢的思想来理解佛教的基本教义。佛教用爱与欲来解释人生苦难的原因，主张要消除爱欲，这一思想正与老子所主张的寡欲、无欲、去奢等思想相一致，因此汉代人眼里佛教所讲的道理，也就是中国老子所讲的思想。

（3）大乘般若空观即是老子的虚无为宗说。最早把大乘般若空观介绍到中国来的，是支谶所翻译的《道行般若经》。经中第十四品《真如品》，讲的是世界本体（"性空"）的道理，在汉代当时把《真如品》翻译为《本无品》，"本无"成了"真如"之古译语。"本无"来自于老子。老子认为世界的本源

153

是"无",汉代的僧人就用老子的本无思想来解释佛教真如,把大乘空宗一切皆空的思想说成就是老子的一切皆本于无的思想。因此袁宏《后汉纪》中说佛教是以"虚无为宗",即是把佛教讲的"空"与老子讲的"无"看作是同一个思想。其实他们之间有着很大区别。

(4)用中国传统的鬼神说来解释佛教的三世因果报应说。中国传统思想中常讲到祸福报应的事,"世论行善者福至,为恶者祸来"(王充:《论衡·福虚篇》),但只承认祸福报应降及本身及其子女,并不讲自己的来生受报事。而佛教却讲三世(过去、现在、未来)因果报应。汉代人很容易地用中国传统的鬼神观念,所谓人死后精灵不灭来解释佛教的三世轮回报应之说,认为人死后的灵魂是传递报应的承担者。

鬼神思想早在我国的殷商时代就已盛行,有所谓殷人尚鬼的说法。时至汉代不论在正统的官方儒学思想中,还是在民间的黄老方术思想中,鬼神迷信思想相当的流行。方士齐人少翁曾以鬼神事得到了汉武帝的赏识。由于这种迷信思想的盛行,汉人很自然地用精灵不灭的思想来解释佛教的来世报应学说了。袁宏《后汉纪》中说:"(佛教)又以为人死精神不灭,随复受形,生时所得善恶皆有报应。故所贵行善修道,以炼精神而不已,以至无为,而得为佛也。"可见灵魂（神）不灭说，已成为中国佛教一个重要的思想内容。

综上所述，我们可以得出这样的一个结论：汉代的佛教是汉代人所理解的佛教，是汉代黄老方术化了的佛教，已不同于印度的佛教。这种佛教可以说是汉代人完全站在中国固有思想（主要是黄老方术思想）的立场来看待或理解佛教的产物。没能真正了解佛教思想的精神，这也是佛教初传时期一种不可避免的现象。从某种意义上说，正是由于印度佛教能与中国的黄老方术思想结合起来，实现了佛教的黄老方术化，才能使佛教在中国得到广泛的流传。所以汉代方术化了的佛教在中国佛教发展史上应占有着一个重要的地位。

第二节　魏晋佛教与老庄玄学的结合

魏晋时期是中国佛教的重要发展时期。在这一时期中，佛教与我国的魏晋玄学（即魏晋时期的老庄学）相结合，实现了一个佛教玄学化的过程。所以一般佛教史学者把这一时期叫做佛教玄学化时期。

魏晋时期在我国历史上出现了一股崇尚老庄思想的玄学思潮。玄学之"玄"词来源于《老子》第一章中"玄之又玄"的思想。玄，深也。玄学是指一种深奥莫测的学问。这种学问被人们称作为玄深之学。同时玄学又是对先秦以来老庄学的继承与发展，所以人们把魏晋玄学亦叫做魏晋时期的老庄学，或称之为魏晋的新道家。在魏晋玄学中，尤以何晏、王弼所倡导的老子贵无学说影响最大。何晏、王弼继承和发展了老子的以"无"为根本的哲学思想，认为世界的本体是"无"，现象世界各种形形色色的具体存在物（称之为"有"）只不过是本体世界（"无"）的外在表现，它们必须依赖于本体"无"才能存在。这种"以无为本"、"有"必依赖于"无"的思想，与佛教大乘空宗所主张的"性空假有"的"一切皆空"的思想，颇有相似之处：一个谈"本无"，一个谈"性空"。在盛极一时的玄学思潮的影响下，中国的佛教僧人开始用魏晋玄学（主要是何晏、王弼的玄学贵无思想）来理解和解释大乘般若空观，从而使得自汉代传入的大乘般若空学在魏晋时期得以广泛的传播，尤其在两晋时期出现了前所未有的大乘佛教般若空学的热潮，产生了般若学内部的众多派别，呈现出了所谓"六家七宗"百家争鸣的盛况。

当时中国的佛教徒们常沿用老庄玄学的思想来解释佛教义理，这种解经的方法，人们称它为"格义之学"。格义之法最初创始于晋初的竺法雅，《高僧传·竺法雅传》称：竺法雅和康法朗等，用佛经的道理，比配"外书"（即主要指

第六章　老子道家思想对中国佛教的影响

老庄之书），以求得理解佛经的义理，这就叫做"格义"。因此当时的许多僧徒都是通晓老庄的。例如义学名僧僧肇，"尝读老子《道德章》"（《高僧传·僧肇传》）。又如东晋庐山名僧慧远，《高僧传》就称他"博综六经，尤善老庄"，并说他常引《庄子》来解释佛经（"引庄子为连类"），使得本来有疑问的人能够理解佛教的思想。他的这种做法还得到了他的老师道安和尚的赞许（《高僧传·慧远传》）。可见，用老庄思想来解释佛教思想已成为当时时代的一种风尚，从而使得佛与道（老庄玄学）两者思想得以结合起来，促进了当时中国佛教哲学的兴盛。

两晋时期，佛教史学家们把它称之为佛教玄学化时期，这可以说基本上是符合历史实际的。当时义学僧徒们和玄学名士们，不论在研讨哲学问题上，还是在他们所崇尚的生活方式乃至风度仪表上，大都是相通的。他们两者之间的相通处，至少有如下几点：

（1）当时佛教所讨论的哲学问题，基本上也就是玄学所讨论的哲学问题。魏晋玄学讨论的哲学中心问题是本末有无的本体论问题，如何晏、王弼所主张的玄学贵无论思想，就是主张以无为本、以有为末，以无为体、以有为用的本体论思想，即认为"无"（无形无象、无任何规定性的绝对存在物）

是万有的根本、本体，而万有皆是依赖于这一"无"而存在的，是被决定的东西。其时佛教在玄学影响下，也把佛教大乘般若空宗所讨论的问题，理解为跟玄学差不多一样，讨论的也是本末有无的本体论问题。如著名的僧人道安等人所倡导的本无宗即是这样的。

（2）佛教哲学的认识方法，同样也采用了玄学的认识方法。玄学家王弼认为世界的本体"无"是超言绝象的，因此认识世界本体，虽说要通过言、象，但又不能执着在言、象上，只有忘言忘象才能体认"道"（道即指世界本体"无"）。其时佛教哲学也认为世界空无的本体是"象外之谈"，所以要认识世界本体就必须超言绝象，悟彻言外，才能得到真谛，而言象之谈不过是俗谛的教化方便而已。如名僧僧肇和道生等都持这一认识方法。

（3）当时的佛教名僧们的生活方式，乃至他们的风度、仪表、举止等，亦模仿了玄学名士，在这方面名僧与名士几乎合二为一了。玄谈家们标榜远离实际，口谈虚玄，善言能辩，终日优逸清谈，不务世事，而名僧们亦参与其间，风度举止与玄谈名士等同。所以当时的名僧名士能结为知交，世人能把僧徒支孝龙与名士阮瞻庾凯等人一起共呼为"八达"。至于僧人支遁（支道林）则成为了一代名士的首领之一，当

第六章 老子道家思想对中国佛教的影响

时就有人称他是"纤钵（佛教僧人）之王（王弼）何（何晏）也"。还有人把支遁比作为玄学家向秀，说："支遁、向秀雅尚庄老，二人异时，风好玄同矣"（《高僧传·支遁传》）。诸如此类的例子，在当时是不胜枚举的。

佛教的玄学化，当然也并不是简单地用玄学解佛。如果把当时的佛教哲学与玄学哲学两者完全等同起来看待，那也是不对的。因为佛教哲学不同于玄学，佛教宣扬出世主义，而玄学是主张入世的。确切地说，两晋时期的佛教并不是单纯的玄学化，而是佛教哲学与玄学哲学的合流。此外，两晋时期，尤其是东晋进入后期之后，除了佛教玄学化之外，中国佛教徒们对印度的佛教有了较深的认识，开始努力地建立自己独立的佛教哲学体系，以便逐步地摆脱玄学的束缚，走上独立发展的道路，更多地去讨论佛教本身所需要解决的宗教哲学问题。因此，对于两晋时期的佛教玄学化，决不能作简单的处理。

由于佛教与玄学（魏晋新道家）结合是一个比较复杂的过程，因此这一过程也就呈现出了自己发展的阶段性。大致说来，前后经历了这样三个阶段：①般若学玄学化时期。大约在西晋至东晋中期。这一时期的佛教与玄学的结合，可以说以玄学为主，佛教具有浓烈的玄学味。②大乘中观佛学与

159

玄学结合时期。大致在后秦姚兴弘始三年（公元四〇一年）鸠摩罗什入长安之后的北方姚秦时代。这一时期佛教与玄学合流的特点是：在思想内容上开始转入以佛教大乘中观佛学为主，而在语言文字上则更多地采取了玄学老庄的形式。③涅槃学与玄学结合时期。约在晋宋之际，这一时期的佛教主要讨论的是《涅槃经》中所本有的佛性学说，而其哲学的认识方法则更多地融会了玄学的"得意忘言"之说。前有般若学，中有大乘中观学，后有大乘涅槃学，三学先后嬗递而进，笼罩了两晋佛坛。这三个时期佛教都与玄学有着密切的关系，都实现了佛、玄两者的合流，但各个时期佛玄合流又有着各自不同的特点。从整个的发展趋势来看，先以玄学解佛，用玄学的思想来理解佛教，这是佛玄合流的低级阶段，之后转而进入以佛教哲理为主，同时融合和吸收玄学的思想，从而逐步地使中国的佛教开始走上一条独立发展的道路。这就是两晋时期佛教发展的基本趋势，它开启了中国佛教发展的方向，因此可以说两晋佛教在中国佛教发展史上具有划时代的意义。

一、般若学的玄学化

般若，在印度佛教中意思是指最高的一种智慧。般若学是以研究印度佛经典籍《般若经》而得名。《般若经》主张"性

第六章 老子道家思想对中国佛教的影响

空幻有"思想,是印度早期大乘空宗的经典。大乘空宗大约在佛教创始人释迦牟尼去世后五百年,即公元一世纪左右兴起的。而中国般若学的开始兴盛则在魏末晋初(公元三世纪中叶)时期。当时魏晋玄学风行,般若空观正可与玄学贵无思想相拟配,因此佛教徒们纷纷倾心般若学,以便在玄学思潮的盛行下,乘机扩大自己般若佛学的势力。当时魏末的般若学者中国僧人朱士行,还不辞辛苦进行了远去西域求取《般若经》的活动。朱士行以弘扬佛法为己任,常于洛阳讲小品般若经(即汉译《道行经》),往往感到文义不通,常叹此经为大乘之要,而译经不尽,于是誓志捐身,远求大品,并于魏甘露五年出发西行至于阗国,果寻得梵文正品《般若经》,并遣弟子送经至洛阳。自此般若学开始在中华大倡(《高僧传·朱士行传》)。

在朱士行西行远求梵书正品之前,汉末三国时也已经有了《般若经》的两种译本:一是汉灵帝时,支娄迦谶所译《道行经》,是为《般若经》的略本,亦称为《小品经》;二是吴时支谦再译的《道行经》,称作《大明度无极经》。但它们都不是《般若》大本,更主要的是当时魏晋玄学尚未兴起,只是到了魏晋玄学盛极之后,《般若经》才为人们所注目。

两晋时期的般若学者众多,在朱士行之后的重要般若学者有：支孝龙、康僧渊、支愍度、竺道潜、竺法蕴、支遁、于法开、道安、竺法汰、竺僧敷、道立、慧远、僧朗等等。由于他们各自对般若经的理解不一，形成了众多的般若学说，使得当时"众论竞作"，学派林立，有所谓"长安本有三家义"之说（吉藏《中论疏·因缘品》），亦有所谓"六家七宗，爰及十二"之说（慧达《肇论序》），在般若学内部展开了"百家争鸣"。但是不论是三家，还是"六家七宗"，他们大都是试图用玄学，尤其是用何晏王弼玄学贵无派的思想来解释般若空观，由于解释不同而产生的歧义。

据刘宋庄严寺昙济所作《六家七宗论》说：

论有六家，分成七宗。第一本无宗，第二本无异宗，第三即色宗，第四识含宗，第五幻化宗，第六心无宗，第七缘会宗。本有六家，第一家分为二宗，故成七宗也。（唐元康《肇论疏》）

而僧肇在《肇论》中所批评的仅有本无、即色、心无三家。吉藏《中论疏》也说"什师（指鸠摩罗什法师）未至，长安本有三家义"，并列举了道安的本无义和琛（竺法琛）法师的本无义，以及即色义、心无义三家四宗。至于昙济所说的

第六章 老子道家思想对中国佛教的影响

其它三宗,是否在长安并不存在,或者还是影响不大,就不得而知了。

般若学中影响最大的一家,是以道安为代表的本无宗。道安(公元三一二—三八五年),为东晋一代名僧。他所倡导的本无宗是与玄学关系最为密切的一宗。"本无"一义本是玄学贵无论的中心思想。以何晏、王弼为代表的玄学贵无论,发挥了老子的贵无思想,认为:"天下之物,皆以有为生,有之所始,以无为本。"(王弼《老子》四十章注)又说:"天地虽大,富有万物,雷动风行,运化万变,寂然至无,是其本矣。"(王弼《周易·复卦注》)依照王弼看来,宇宙之起源,万有世界之根本、本体皆是"无"(亦称为"道"),"有"即各种具体的形形色色的存在物,则都是要依据于本体的"无"才能存在的。在此,王弼的思想是对老子思想的一种新的发挥,他已经不大讲老子的无中生有的宇宙生成论问题,而是更多地讨论了"本无末有"的本体论思想。此"本无末有"的本体论观点成了玄学贵无论的基本观点。而两晋时期的般若学者差不多也都援用了玄学的"本无"这一概念,用以表示世界的本体,即佛教中所说的实相、法性等概念。元康《肇论疏》中说:"实相即本无之别名。"僧肇的《肇论》也说:"本无、实相、法性、性空、缘会一义耳。"日本国安澄的《中论疏

163

记》称道安作有《本无论》，僧祐的《祐录》载有道安的《实相义》，元康则说道安作有《性空论》，按照本无、实相、性空"其义一也"的说法，这三者很可能指的是同一部著作。可惜这一著作已佚，因此道安是怎样解释般若空义的，我们只好依据后人的记载，和他所写的有关《般若经》的经序等一些零星的史料进行探讨了。

据道安的弟子僧睿所说，道安的思想属于性空之宗，并认为在鸠摩罗什未曾来华之前，性空之宗是最得大乘空宗思想之实的，它突破了汉魏以来把识神当作实有之说（即神不灭论），而悟出了识神性空的道理，所以说它最符合大乘一切皆空的思想。何谓性空，性空以玄学的解释即是本无。故此道安的性空宗又称为本无宗。《名僧传抄·昙济传》说：

第一本无宗曰：如来（即佛）兴世，以本无弘教，……本无之论，由来尚矣。何者？夫冥造之前，廓然而已。至于元气陶化，则群像禀形……。由此而言，无在元化之先，空为众形之始，故称本无，非谓虚豁之中，能生万有也。

这即是说，世界之开端，宇宙之初是廓然虚无的，在这虚无的基础上"元气陶化"，产生出群象之万有。道安认为元气

第六章 老子道家思想对中国佛教的影响

陶化是出于自然，并无造物主的作用，所谓本无仅指宇宙的开端是无，并不是说虚豁之中能生万有。由此可见，在这里道安并不讲老子的无中生有说，而更接近于王弼的"有之所始，以无为本"说，把无当作宇宙之开端和万有的"本体"的。这一讲法与《般若经》本来的思想相去甚远。《般若经》不讲宇宙之开端是空，也不讲万有的本体是无，《般若经》宣扬的是"性空幻有"或"假有性空"说，认为万法是假有、假名，其性为空，假有即性空，主张有无一如，体用不二，并不像王弼分体用为二（体为无、用为有）。可见道安的佛学是以"玄"解《般若经》空义的结果。这是道安本无义的第一个涵义。据吉藏《中论疏》中说，道安的本无义还包含有这样的意思："安公（指道安）本无者，一切诸法，本性空寂，故云本无"（《中论疏·因缘品》）。这里并不讲"空为众形之始"，而是主张诸法本性空寂。慧达《肇论疏》中说道安的思想是"名本无为真，末有为俗耳"，似主张本无末有之说。而本无末有的观点，正是何晏、王弼的玄学贵无论的根本思想。由此得见，道安的本无宗思想基本上是以"玄"解"佛"，是可以归之于玄学贵无论思想的。

属于本无一家的还有本无异宗。据吉藏《中论疏》说："本无"本有两家，一者释道安本无义，一者琛法师本无义，并引琛法师言,说:"本无者……,先有于无,故从无出有,即无在有先,有在无后。故称本无。"(《中论疏》卷第二末)《山门玄义》第五卷也说竺法深云:"诸法本无,壑然无形,为第一义谛,所生万物,名为世谛,故佛答梵志,四大(四大指地、水、风、火)从空而生。"(安澄:《中论疏记》卷第三末)由此可见,本无异宗讲的是无中生有说,不像本无宗那样反对"虚豁之中能生万有"的思想。本无异宗可以说是直接继承了老子的"有生于无"的思想,认为无在有先,无中生有。这一思想显然与《般若经》缘起性空(即假有性空)说思想不合,颇受中国老子思想的影响,这也是魏晋时期老庄学风行下的产物。至于琛法师是否就是竺法深亦不得而知。查《高僧传·竺道潜传》可知,竺道潜字法深,东晋哀帝时曾诏至宫中,"即于御筵开讲大品《般若经》"。可见,法琛确是位般若学者,当时亦颇有影响,"朝野以为至德",然而,僧传并未讲及其思想,所以他的思想详情也就不得而知了。

与玄学关系密切,在社会上有较大影响的还有以支遁为代表的"即色宗"。

支遁,字道林(公元三一三—公元三六六年),本姓关氏,陈留人,或说河东林虑人。有人把支遁比作玄学家向秀,

第六章 老子道家思想对中国佛教的影响

称他们都是雅好庄子的。确实,支遁的即色宗深受到庄子和向秀的思想影响。向秀,字子期,魏晋之际著名的玄学家、文学家,"竹林七贤"之一,好老庄之学,曾作《庄子隐解》(即《庄子注》)。另一位玄学家郭象又在向秀《庄子注》的基础上,"述而广之",进一步发挥了向秀玄学的思想。支遁与向秀、郭象一样,同是以研讨庄子,尤其是研讨庄子的逍遥义而著名的。《世说新语·文学篇》说:《庄子·逍遥篇》为当时的名士们所钻研欣赏,然而都不能超拔于郭象向秀的思想,只有支遁一人"标新理于二家之表,立异义于众贤之外"。支遁的逍遥说,确实突破了向秀郭象二家的思想并有了新的发展。

支遁著有《即色游玄论》、《逍遥论》等著作,发挥了庄子思想来解释佛教般若学,从而建立了自己的即色宗佛教思想。所以他又不同于向秀、郭象的庄子学。

庄子的《逍遥游》追求的是一种个人精神上绝对自由的境界。他认为,人之所以不自由就在于外部有物质条件的限制("外物")和内部有自己思想、情绪等自我的束缚("有己")的缘故。因此,庄子主张物我双忘("坐忘"),达到"无待"(不依赖任何外物)、"无己"(无自我)的地步,一个人就能得到精神上的绝对自由("逍遥")。这种所谓"堕肢体、黜聪明,离形去知,同于大通(即大道)"的"坐忘"

167

境界,实是保持一个人的精神的绝对虚静的境地(内不知有己,外不知有物)。向秀、郭象对逍遥的解释则与庄子原有的思想有所不同。他们主张适性逍遥说,认为,每一个事物都有自己各自的性分,只要满足自己各自的性分要求就可获得逍遥自在。所以郭象在《庄子注》中说:虽然大小不同,但只要做到各得其性,满足自己本分的要求,都可一样得到"逍遥"(即精神上的自由),大鹏高飞九千里与小鸟在榆树枋树下跳跃,两者逍遥都是一样的,这里没有什么贵贱、大小之分。这种理论的社会意义,就在于要人们都安于封建社会的等级地位,各人都在自己的等级上自得其乐,不要破坏这一等级秩序。向秀、郭象的这一理论,在支遁看来是有很大缺陷的。支遁说:夏朝的暴君桀和春秋时的大盗跖,都是以残害为性的,若是以满足性分的要求为逍遥的话,那么桀、跖两人也可称作为得到了逍遥了。再者,一个人的性分欲望是无穷的,好比饥时吃一饱,渴时喝一足,满足了吃饱喝足,难道就可以使他们忘掉美食美酒了吗?人们的欲望是没有尽头的,即使追求到性分的要求也不可能得到满足和逍遥。因此,支遁的《逍遥论》认为,逍遥是用来说明最高人格的人("至人"),逍遥乃是一种心理的超脱境界,只有做到超脱了外物与自我的人,才能达到任应心之自然而游于无穷。这样才真正得到

第六章 老子道家思想对中国佛教的影响

了逍遥。从这里我们可以明显地看到，支遁与向、郭派玄学所讨论的是同一问题，只是对问题的解答有所不同而已。关于逍遥问题，本来并不是佛教所讨论的问题，然而大乘佛教所讲的常乐我净的涅槃境界，似与庄子玄学所追求的精神逍遥、物我两忘的境界有相类同的地方，因此支遁就用玄学的至人逍遥来解释佛，认为佛的境界也就是玄学所说的至人逍遥境界。在这里我们可以说支遁的佛教思想并没有脱出玄学的范围。

支遁建立的佛教般若学即色宗的基本思想是"即色是空"。"色"是指一切具体的形形色色的物质现象。"即色是空"是说这些形形色色的物质现象不能自生，没有自己的本性，所以，"即色是空"并不是在色之外有个空。以此，支遁提出了"即色游玄"的学说。"玄"在玄学中即是"无"，在支遁佛教思想中即表示"空"。即色游玄即即色游空，游空就是超脱物我，精神不为物所牵累，同时又不必远离世俗（"即色"），而是要在世俗的物质世界中领悟其本性空寂的道理。这就是所谓的"即色游玄论"。在这里，支遁是把佛教的般若学与玄学的逍遥论结合在一起了，可见支遁的即色宗是深受到玄学影响的。所以他虽是僧徒，却常与当时玄学名士们交往，讨论玄学清谈中的问题。因此在他身上僧侣与名士是合二为一的。

与玄学关系较为密切的尚有心无宗。心无宗在当时般若学中标新立异，在社会上也颇有影响。般若学各宗一个共同特点是要掏空现实的物质世界。本无宗宣称"空为众形之始"和"万法本性空寂"，把"无"当作世界的起源和本体。即色宗标榜色不自色，即色是空。所以般若学所要空的是物质世界。心无宗则背叛了这一立场，而主张空心不空物，从而它独树一帜，成为般若学中的异端反对派。

心无宗以支愍度、法温、道恒为代表。《中观论疏》中说："温法师（即法温）用心无义。心无者，无心于万物，万物未尝无。"（吉藏《中观论疏》卷第二末）"无心于万物"，即是说心不执着于物，对万物不动心，保持心的虚静，这就叫做"心无"。但认为万物并不就是空无，即承认了客观外界的真实存在。因此心无宗思想带有唯物主义思想的倾向。很明显，心无宗大大违背了大乘般若空观（性空假有）的基本宗旨。所以这一学派当时就遭到了僧徒们的猛烈攻击，视为异端邪说。据《高僧传》记载说，当时僧人道恒，颇有才智，常讲心无义，活跃于荆州一带。道安的同学法汰认为这是邪说，于是他集合了许多名僧，命令其弟子昙壹发难，驳斥道恒心无义，道恒不服，辩论得十分激烈。隔日，道安的著名弟子

第六章 老子道家思想对中国佛教的影响

慧远又登场与道恒交锋,道恒才被折服,从此心无之义,由此而息(《高僧传·竺法汰传》)。可见,心无宗是以当时假若空宗的反对派面目出现的,难免要受到众多僧徒的攻击。这里所说的道恒究竟为何许人,已不得而知。至于吉藏所说的法温法师为何人,亦不可详考。据安澄说,法温就是竺法深的弟子法蕴,不知确实否。而创立心无宗的第一个人,据《世说新语》所说则是支愍度。《世说新语·假谲篇》说:愍度道人开始想过长江,与一北方道人作伴,共同商量说,用旧义去江东宣传佛法,恐怕行不通,连吃饭都要成问题。于是两人共立心无义,标榜新说。但最后这位北方道人也没有过江,只是愍度一人去了江东,并在江东大讲心无义积有数年。后来那位北方道人寄语愍度说:立心无义一时为了吃饱肚皮是可以的,但不要违背了佛教的本旨。以此可见,那位与愍度一起共立心无义的北方道人(道人当时即指僧徒)也是知道心无义是不符合佛教般若学的本义的,不过是为了权宜救饥所设的一种说法而已。

从思想本身来看,心无宗的思想似与向秀、郭象主张的"无心以顺有"的思想理论较接近。"无心"指"心无为","顺有"指顺应万有,承认外界事物的存在。以此向、郭玄学被人们称之为玄学崇有派。支愍度、法温等人所宣扬的心无宗就是承认外界事物为实有（"有为实有"），但心"不滞外有"，即不执着外物，"内止其心"，心寂然不动，这就叫"心无"。由此可见，向、郭讲"无心"，支愍度、法温讲"心无"，是有相通的地方的，并且他们也有着一定的思想承继关系。

总之，西晋至东晋中期的佛教般若学，不论其影响最大的道安本无宗，还是标新义于向、郭之外的支遁即色宗，乃至被视为佛教异端的心无宗，其哲学思想性质可以说基本上仍属于玄学的性质，大都是以玄解佛，很少超出玄学的范围。这说明中国当时的佛教思想尚没能形成自己独立的哲学体系，只能依附于玄学得以发展。

二、三论学与玄学的结合

般若学的主要代表人物道安，去世后十六年（公元四〇一年），龟兹国（今属新疆莎车地区）佛学大师鸠摩罗什（公元三四三—四一三年）至长安。罗什博通佛教典籍，早年习小乘佛学，后转学大乘佛学，诵读《中论》、《百论》、《十二门论》等（《中》、《百》、《十二门论》合称为三论），为西域一代佛学之首领。当时罗什"声名远扬，被及东土"，《高僧传》称他"道流西域，名被东国"。当时北中国的前秦国主符坚，曾派遣将军吕光兴兵伐西域，破龟兹，而获罗

第六章　老子道家思想对中国佛教的影响

什。以此罗什随吕光回师先至凉州，后又于后秦国姚兴弘始三年（公元四〇一年）至长安，姚兴"待之以国师之礼"。随即罗什于长安大兴佛法，门下学生济济，"八百余众"，"四方义士，万里毕集"。弟子中尤以道生、僧肇、僧睿、慧观等人最为知名，有所谓的"八俊十哲"之称。由此，佛教在后秦国得到了新的隆盛。

罗什又为佛经翻译大师，在长安短短十多年间译经三百余卷，其中所译《般若》大品、《中论》、《百论》、《十二门论》等影响最大。罗什本身的学问亦特重《般若》和三论。自此三论思想传入中土。罗什弟子中深得三论之学的是僧肇，著有《肇论》一书，阐发了《般若》三论之义，可称为中国汉地三论学之鼻祖。罗什、僧肇的三论学，把道安时代的般若空学推进了一个新的发展阶段，在中国佛学发展史上占有重要的地位。它上承道安时代的般若空学，下开南朝与隋唐的三论学，其影响远及到天台宗，乃至禅宗思想。罗什僧肇三论学的重要性在中国佛教的发展史上是不言而喻的。

自大乘空宗思想的代表著作《般若经》之后，公元二、三世纪左右又产生了龙树的大乘中观派佛学。龙树所著的《中论》、《十二门论》，和弟子提婆著的《百论》（此三论著在中国合称为三论），进一步发展了般若空观。龙树中观佛学既反对把万法都看作为实有,也反对人们在空相上起贪奢,只知有空,不知尚有"有"("假有")的道理,为此龙树主张"非有非无"、不偏不倚、不落两边的中道哲学,以调和空有两者的关系,调和世谛(世俗的见解)与真谛(佛教的真理)两种见解的矛盾。其基本的思想是说,万法(一切现象)皆是因(原因)缘(条件)和合而生,离因缘则无万法,所以说"物无自性"(没有自己的实在性),不是实有而是空的("非有"),但既已和合而生,又不得言无(断灭),而应承认有物(即"假有")的存在,所以又是"非无"。以此万法既不得言有,亦不得言无,而是"非有非无",离有无两边,这就叫做中道哲学。这种佛教哲学具有较强的思辨性,它大大超过了以往佛教的思维水平,所以龙树中观佛学曾经在印度盛极一时。罗什之学就特重龙树中观佛学的三论,讲"非有非无"的学说,并著有《实相论》一文,但此论已佚失,现很难知道他的完整的学说。然而他的思想在其弟子僧肇那儿得到了发扬光大。僧肇(公元三八三—四一四年)在中国佛教史上是位年轻有为的佛学家,虽仅活了三十来岁,却对中国佛学作出了重大的贡献。僧肇早年家贫以佣书为业,然"志好玄微",喜读老庄之书。后来出家又学了大乘经典,他在二十岁时,就很有了名声。待罗什到凉州时,僧肇就前

第六章 老子道家思想对中国佛教的影响

往师事罗什，后又随罗什入长安助罗什译定经论。他一生中除帮助其师译经外，自己还著有《般若无知论》、《不真空论》、《物不迁论》、《涅槃无名论》等著作，阐扬般若三论之学。他的这些论著为后人称誉为中国佛教思辨哲学之杰作，他本人也被推崇为"解空第一"的佛教学者。

僧肇较深地领会了龙树中观哲学的实质，他把中观佛学与中国的老庄玄学结合起来，并用佛教中观哲学高超的思辨方法及老庄的文字、语言的形式，总结了魏晋时代玄学与玄学化了的佛教般若学所讨论的哲学问题。如果说以往的佛教玄学化主要是以"玄"解"佛"的话，那么，自僧肇的中观三论学开始，则是以"佛"解"玄"，即用佛教所固有的思想方法来解答当时玄学和佛学所共同关注的问题。这就使得中国佛教的发展起了一个根本上的变化，中国僧人开始比较深刻地领会印度佛教哲学的精神，并以此来开辟中国佛教自己发展的道路。所以说，僧肇的佛学在中国佛教史上占有着重要的地位。

僧肇佛学所讨论的问题，确实是与当时玄学所讨论的问题密切相联的。例如僧肇的《不真空论》讨论的有无问题，就是对魏晋玄学和玄学化了的般若学所讨论的有无问题的继续和总结。当时玄学讨论的中心问题，就是有无问题。玄学

175

贵无派主张"无"为世界的本体,"有"为本体世界的外部表现,无是绝对的,有是相对的被决定的,两者之间有着本末体用的关系。以向秀、郭象为代表的玄学崇有派则认为,有就是有,无就是无,无就是什么都没有,有无两者是根本没有联系("无不能生有","有亦不能化为无")。受玄学影响的佛教般若学本无宗和心无宗,一个偏重讲世界本体是无(或事物的本性空),一个则讲外部世界为实有,而不执着于外部世界为心无。至于即色宗和本无异宗讲的是即色是空和四大从空生("无中生有")。所有这些观点,都是当时玄学和佛学所共同讨论的在"有无"问题上的不同看法。依僧肇看来,这些观点都是片面的,都是割裂了有无关系的错误见解。他主张中道哲学,主张非有非无、亦有亦无,处于有无之间,认为有与无是一而二、二而一的不可分割的。僧肇从缘起论出发认为,万物既然从缘起而生就不是"无",但缘起而无自性就又不是"有","万物果有其所以不有,有其所以不无。有其所以不有,故虽有而非有;有其所以不无,故虽无而非无"(《不真空论》)。因此,僧肇的结论是:万物应是非有非无、亦有亦无、有无一如的。这就是所谓"中道正观"。可见僧肇是站在中观佛学的立场来解答有无关系问题的,所以他的哲学超越了玄学贵无派和崇有派的纷争,

第六章　老子道家思想对中国佛教的影响

站到了他们两派之上。

又如僧肇的《物不迁论》讨论的是动静问题，而动静关系问题也是当时玄学所重视讨论的问题。玄学贵无派王弼发挥了先秦老子的主静学说认为，世界的本体（"无"）是至静的，外部现象世界是运动的，动是相对的，静是绝对的（静非对动而言）。玄学崇有派郭象则认为，一切皆是变化无常的，只有动而无绝对静止的存在。这两种观点，依僧肇看来，都是割裂了动静关系。对此，僧肇也采用了中观的思辨方法，认为应该是非动非静、亦动亦静、动静不二的。僧肇从分析运动本身出发，得出了运动就是在不同时间里（过去、现在、将来）无数静止点的集合的结论。他说："求向物于向，于向未尝无；责向物于今，于今未尝有。于今未尝有，以明物不来。于向未尝无，故知物不去。复而求今，今亦不往。是谓昔物自在昔，不从今以至昔；今物自在今，不从昔以至今。……如此则物不相往来明矣。"（《物不迁论》）所以运动分析起来实就是不动的，运动即是静止，"动静未始异"。这种独特的见解，在当时确实使人耳目一新，似乎也超越了在动静问题上玄学两派对立的观点。

至于《般若无知论》和《涅槃无名论》所讨论的问题，亦与先秦的老子与魏晋玄学所讨论的圣人无知还是有知、无名还是有名的思想有着密切的关系。何晏就曾写过《无名论》一文，认为圣人是无名的。先秦的老子、庄子和魏代的王弼亦主张圣人无名和无知的，并认为正由于圣人无知故能无所不知。僧肇的《般若无知论》和《涅槃无名论》，就是讨论佛（僧肇称为圣人）无知与无名的问题，正与玄学思想相合。但他的论证方法常常用的是中观佛学的思维方法，如僧肇论证般若之知时说："欲言其有，无状无名；欲言其无，圣以之灵，圣以之灵，故虚不失照；无忧无名，故照不失虚。"所以说圣人是无知即知，知即无知的，这种论证方法显然是来自于大乘中观佛学。

总之，僧肇的佛教哲学是用佛教中观哲学的思想方法来对魏晋时期的玄学和佛学所讨论的问题的一次总结。他用佛教中观学所固有的思想特点，即宣扬非有非无、亦有亦无、不落有无二边的"中道"思想统一了当时的玄学与佛学的各派思想，从而把中国佛学乃至中国哲学推进到了一个发展的新阶段。

三、涅槃学与玄学的结合

般若学三论学讲"空"，涅槃学讲"有"，讲佛性妙有。"物极必反"，"空"讲得多了彻底了就要向"有"转化。晋宋之际兴起的涅槃学就是这种转化的产物。

第六章 老子道家思想对中国佛教的影响

晋宋之际涅槃学的首领人物是竺道生。道生本姓魏,巨鹿人,寓居彭城,家世仕族。先师事过道安的同学竺法汰,后又入长安受业于鸠摩罗什法师,最后回到了南方建业,宣扬涅槃佛性说。涅槃学以学习和研究大乘经典《涅槃经》而得名。《涅槃经》主要讲的是佛性学说。佛性,原指佛的本性,后发展成为指人成佛的可能性、因(原因)性、种子等。《大涅槃经》主张人人皆有佛性,众生皆可成佛。然而当时的《涅槃经》有两个译本:一个是东晋法显所译的六卷《大般泥洹经》,为《大般涅槃经》中部分内容的翻译本;一个是北凉昙无谶所译的四十卷大本《涅槃经》。六卷本译经不全,经中认为一切众生悉有佛性,但又认为"一阐提"人(佛教中指断了善根的人)不能成佛,因为他断了一切善根。这一说法为一切守文之徒所坚信。然而说一阐提人没有佛性,不能成佛,显然与一切众生皆有佛性的观点是相矛盾的。那么,是坚守经文呢?还是依义来重新解释这一思想呢?道生认为"入道之要,慧解为本",读佛经不能拘泥于文字,而应当"悟彻言外",才能得到佛教的真谛。以此他采用了玄学家王弼所倡导的"得意忘言"的认识方法,领会佛经的思想而不拘泥于文字。他引用了王弼思想说:"画象是用来表达思想的,得到了思想就可忘掉画象。语言是用来表达道理的,得到了道理就可忘掉语言。"(《高僧传·竺道生传》)根据这一道理,道生接着说:"自从佛经传到东方,由于受到翻译的限制,使得人们多拘泥于文字,而很少见到圆满的佛理。如果能用忘筌(筌指捕鱼的工具)取鱼的方法读经,就可得到佛教的真理了。"因此道生用"得意忘言"、"得鱼忘筌"的玄学认识方法来解释佛经,悟彻佛经中的言外之理,能先于大本《涅槃经》(指北凉昙无谶译本)未传之前,敢倡一阐提人悉有佛性,亦得成佛之说。结果遭到了守文之徒顽固派的猛烈攻击,把他的思想视作异端邪说,并把他驱逐出了京师建业(即今南京)。之后,道生去了苏州弘法,传说在虎丘山下宣讲佛法时,顽石听了也点头赞同道生的思想,这一美妙动听的传说一直留传到今天,在现在的苏州虎丘山下尚刻着"生公说法顽石点头"八个大字,相传那块顽石尚在。后《涅槃经》大本传到京师,果称一阐提悉有佛性,亦可成佛,与道生所说合若符契,自此道生之学为时人所重,并最后得到了宋文帝的赞同,从而涅槃学也就在中国大畅。道生被后人称为"中华涅槃学之圣"。

　　道生在中国佛教史上,确实是位开风气的人物。他不仅提出了一阐提人悉有佛性皆能成佛的思想,而且还提出了在中国佛教史上具有很大影响的顿悟成佛的学说,对唐代兴起

第六章　老子道家思想对中国佛教的影响

的禅宗思想给予了很大的启发。在中国以往的佛教中，包括道生的老师（鸠摩罗什）和同学僧肇都是主张成佛要靠渐悟的。成佛是顿悟还是渐悟，当时曾经发生了一场辩论。道生倡顿义，谢灵运、宋太祖"述生顿悟义"，而罗什另一弟子慧观主渐悟说，并著"《辩宗论》论顿悟渐悟义"。道生一反其老师与同学的见解，从"慧解佛理"出发，认为宇宙的真理就是实相、法性，就众生言即是佛性。并认为由于真理是一个完整的东西，不可分割，以此悟理亦不得分阶段，只有一次顿尽才能成佛，这就叫做"以不二之悟，符不分之理，理智悉释谓之顿悟"。他的这一思想依墨守成规的僧徒看来也是违背了佛教经义的，是一种异端邪说。在这里，道生的涅槃学与僧肇的三论学有所不同，僧肇讨论的问题不少都是与玄学直接有关的问题，而使用的思想方法则全是佛教中观学的方法；道生讨论的问题主要是《涅槃经》中所提出的佛教问题（如佛性问题、一阐提成佛问题等），而采用的方法是玄学的方法。由此也可看到，从道生开始，中国佛教已经走上了一条独立发展的道路，它不再以玄学的形式出现，而是摆脱了玄学形式向着自己独立发展的道路前进了。

第三节　唐代禅宗佛学与老庄思想的融合

魏晋之后，中国社会进入了南北朝的对峙时期。这一时期可称作为佛教师说（或称学派）流行时期。这时期的佛教特点是对印度佛教有了较深的理解，抛弃了过去所谓的"格义"的做法（即用中国固有的老庄思想来解释和比拟佛教思想的做法），能够较好地领会印度佛教经典的意思，注意对印度佛教的某一经典或某一学说加以介绍、研究和宣传，出现了学说上的师承关系，从而形成了南北朝各家师说风行的情况。如当时出现了涅槃师（以研究、宣扬《涅槃经》而得名）、成论师（以研究、宣扬《成实论》而得名）、三论师（以研究、宣扬《中论》、《百论》、《十二门论》而得名）、地论师（以研究、宣扬《十地经论》而得名）、摄论师（以研究、宣扬《摄大乘论》而得名）等等。这里所说的"师"，他们实是对佛教某一或某几种典籍有相当研究的一批学者。以此可以说，南北朝时期基本上是进一步认识与消化各佛教经典与学说的时期。虽说这一时期似乎对中国佛教的发展没有更多的建树，但却是一个十分重要的时期，它为中国隋唐佛教各宗派的建立及其佛教的繁荣打下了思想基础。

隋唐时期佛教进入了全盛时期。隋唐佛教属于中国僧人

第六章 老子道家思想对中国佛教的影响

融会贯通印度各派佛教学说，尤其是融合贯通了中印文化，而建立起自己的佛教宗派各理论体系的时期。这些新建立的佛教宗派主要有：天台宗、三论宗、唯识宗、华严宗、禅宗等。其中尤以天台、华严、禅宗最具有中国佛教的特点。如果说天台宗、华严宗主要融会的是印度佛教各派经典思想的话，那么，禅宗则主要是融会了中印文化，尤其是禅宗把印度的佛学与中国的老庄道家思想，乃至儒家思想结合了起来，成为了中国化佛教的典型代表，从而使得禅宗在中国大地上获得了广泛的传播，以致使得人们把禅宗当作中国佛教的代表来看待，这也并不是没有道理的。

天台宗（创始人智顗）和华严宗（主要代表法藏）等宗派的共同特点是：采取融合吸收印度佛教各经典各学派的学说，建立起不同于印度的中国佛教各宗派的思想体系。如天台宗以印度佛经《法华经》为主要经典，以该经中的实相说作为自己宗派的基本思想，同时又融会了龙树的《中论》、《大智度论》等思想，吸取了《中论》中的"三是偈"，即"因缘所生法，我说即是空，亦为是假名，亦名中道义"的思想，提出了三谛（空、假、中三谛）圆融、一心三观（一心中得空观、假观、中观三观）、一念三千（一念中有三千大千世界）等学说，从而建立了一个规模可观的宗派理论体系。又如华严宗以印度佛经《华严经》为主要经典，吸取了经中的一多相摄（相包容）等思想，提出了理事圆融与事事圆融的学说，并融会了《大乘起信论》的真如（一心真如）缘起说，建立了自己的理论体系等。

禅宗与天台、华严两宗相比，更带有中国思想的特点。禅宗自称为"教外别传"，是与其它宗派不同的一个独特的宗派。禅宗佛学融会了中国固有文化传统的精神，它把佛教中国化过程推到发展的顶峰，禅宗的产生标志着佛教中国化的完成或成熟。禅宗既融会了印度佛教的《般若经》、《维摩诘经》、《涅槃经》、《大乘起信论》等大乘空、有两宗的思想，又融合了中国儒家的伦理思想、老庄道家的主静学说，乃至采取了中国传统哲学尤其是崇尚简易的道家思维方式等等，熔中印文化于一炉，铸成了具有中国特色的佛教禅宗。它已经不同于印度佛教，具有一反传统佛教思想的精神。它不再与其它宗派一样要以印度佛教的某一或某几种佛典为最高依据，它一反以往其他宗派的繁琐哲学，而主张简易的功夫，并宣称自己是佛的教外别传，是以心传心，不立文字，以此它可用中国人自己的固有思维模式来对佛教作全新的解释，使之禅宗佛教成为全新的中国佛教。因此禅宗在中国历史上的影响亦最大，以致有些人把中国佛教称之为禅学，佛

第六章 老子道家思想对中国佛教的影响

教与禅在中国几乎成为了同义词。

佛教的基本教义认为,现实的人生一切皆苦,而苦是由人的无明(无知)贪欲所造成的,以此人总是处在生死轮回的苦海之中,只有消除无明贪欲,超脱生死轮回,达到彼岸世界即"涅槃"境界,才能彻底地得到解脱。这样,印度佛教就把现实的此岸世界与理想的彼岸世界加以区别与对立了起来,以此佛教主张脱离尘世,出家修行,这样又把在家与出家加以区别和对立了起来。这就与中国传统的文化思想发生了冲突。中国的传统文化,不论是孔孟儒家还是老庄道家,他们都不割裂现实世界与理想世界的联系,主张在现实生活中实现理想的境界,因此他们不讲彼岸,不讲来世,而重现世。孔子说:"生前的事尚弄不清楚,又怎能知道死后的事呢?"又说:"未能事人,又怎么能去事鬼呢?"以此孔子抱有积极的入世思想。老庄道家在生活态度上,虽说要比儒家消极些,但老庄也是特重视现实世界的,老子尚要治平天下,庄子则要在现实生活中实现精神逍遥("自由"),并不主张出世主义,这就与佛家的出世思想有了明显的不同。因此,佛教要在中国生根发展,就必须要与中国传统文化重现实的思想相适应,而禅宗佛教就是要来解决这一中印文化冲突的。

禅宗与老庄的思维方法基本上是一致的,他们都主张要在现实社会中得到超越或解脱，至于如何能在现实生活得到超越和解脱，老子提出了不为外物所干扰的主静学说，庄子发展了老子的思想，提出了超越外物和超越自我，尤其是提出了超越是非，处于是非中间的所谓"处中之道"，以获得保持心理虚静的思想。禅宗也是发挥了老子庄子的主静思想，提出了"念念而不著（执著）念"的"无念"学说，以便解脱一切烦恼，保持人的本心清净。他们之间既有差别，又有相同的地方。

  禅宗的真正创始人是唐代的一位下层和尚慧能。他是一位非常聪明的人，他敢于对传统的佛教提出挑战。当时流行的佛教净土宗宣扬"常念阿弥陀佛，愿往生西方极乐世界"，对此慧能提出了疑义道："东方人造罪，念佛求生西方，西方人造罪，念佛求生何国？"（《坛经》）这确是一个需要认真思考解决的问题。可见慧能是位很有独立思想的僧人，他对传统的佛教并不盲从。为了解决这一问题，慧能提出了自性清净心即是佛性的学说，并继承了南朝道生的佛性学说和顿悟成佛的思想，认为人人皆有佛性，人人皆可顿悟成佛，佛与凡夫的差别，仅在于对自性的迷与悟的不同："自性迷佛即众生，自性悟众生即佛。"（同上）正由于佛就在我本性中，因此"佛是自性作，莫向身外求"。心只要无不净，西方去此不远；心

第六章 老子道家思想对中国佛教的影响

起了不净之心，念佛亦难到西方。按照慧能的说法，佛性（即人的自性）是"常清净"的，犹如"日月常明"，但为"外著境"所产生的妄念所覆盖，所以"自性不能明"，就如日月为云雾所覆盖一样"上明下暗"，不能了见日月光明。以此在自性之外无有别佛，佛即在人性中，在人世间，应在人世间中求得解脱，解脱就是摆脱了尘世烦恼，获得了清净，也就是出了世间。所以说，佛法即在世间，"勿离世间上，外求出世间"（同上）。既然佛在自性中求，不得离世间外求出世间，所以修行也就不必出家脱离尘世，出家修行与在家修行都是一样的。以此慧能说："若欲修行，在家亦得，不由在寺，在寺不修，如西方心恋之人；在家若修行，如东方人修善。但愿自家修清净，即是西方"。（同上）

为了得到清净，求得解脱，慧能提出了"无念"的学说，"无念"的目的就是为了保持一个人心的清净、虚静，不受任何杂念的干扰。何谓"无念"呢？"无念者于念上而不执着于念"，所以"无念"也就是"无住"，不停住于念上。慧能说："念念时中，于一切法上无住。一念若住，念念即住，名系缚。于一切上，念念不住，即无缚也。"（同上）一执着于念上，也就要受到"念"的牵累，只有不执着于念才能去掉念的累害。由此可见，所谓"无念"，实就是不执着于念，随任心之自

187

然（即心的无意识或下意识状态），从而一个人也就不会被一切外界对象和内心的思念所累。这就叫做"无念"，或称之为"自在解脱"。因此，"无念"并不能理解为心中一切念头都没有，如果心中一切念头都没有的话，慧能认为这样的人也就成为与木石一样的死人了。"无念"也不是要与世隔绝，不接触外界，可以与外界接触，可以产生念头，但不执着于外界，不执着于念头，念过即过，心中不受任何念的干扰。所以慧能的"无念"解脱法，并不要求脱离世间，而是要在世间中求得解脱，不为物累，以保持人的本心的清净。同时慧能还认为，他的这种"无念"解脱法，"于一切时中，行、住、坐、卧"，皆能行得通，不拘任何的形式，不受时间条件的限制，因为只要"于一切法，无有执着"即可，所以也就不必一定要"打坐"（坐禅）才行。借此慧能对"坐禅"、"禅定"作了新的解释。慧能说："何名为禅定？外离相曰禅，内不乱曰定。"又说："外若着相，内心即乱；外若离相，内心不乱。"（同上）不执着于外相，做到内心不乱，这就是"禅定"。所以只要时时处处以"无念"为宗，就可不必做打坐的功夫，而可随时随地都能得到解脱。

　　慧能的这一"无念"解脱法，与老子的主静说和庄子的"坐忘"、"心斋"的超脱说相比，他们的共同点都是为了保持

第六章 老子道家思想对中国佛教的影响

心的虚静状态而不为物累,老子的主静说与庄子的"坐忘"说,都主张要摒弃一切感觉与思维(即一切念头)才能做到,这种功夫一般来说都得经过静坐才能获得,而慧能的"无念"说,并不要求排除一切念头,而能随时随地地得到解脱,自然要比老子、庄子的思想又高了一筹。但要想达到慧能的这一"无念"境界,这在心性修养的功夫上,恐怕要比达到庄子的"坐忘"境界更高。可以说,慧能的无念说是在老子的主静说与庄子的"坐忘"说基础上发展起来的。

隋唐佛教也与一般事物发展的规律一样,有一个由盛至衰的过程("盛极则衰")。自唐武宗会昌年间实行了灭佛运动之后,隋唐时期兴盛起来的各佛教宗派相继都衰落了下来,只有具有中国思想特色的禅宗,尚能在灭佛之后的唐末、五代乃至北宋时期得到了新的发展。禅宗成为了当时佛教的主流,影响了整个思想界,尤其是影响到宋明理学的发展,形成了三教合流的趋势。但由于这一问题并不是本书所要讨论的主要内容,所以在这里也就不再加以研讨了。

出版后记

  中华文明源远流长。在漫长的历史岁月中，我们中华民族创造了辉煌灿烂的文化成就，践行着自己朴素而真诚的人生和社会理想，追寻着具有鲜明特色的伦理价值和审美境界，展示出丰富、生动、深邃的思想智慧。在很长一段时间内，中国文化在世界文明体系中居于领先地位，其影响力和感染力无比强大，从而在铸就中华民族独特灵魂的同时，也为人类文明的发展和进步作出了重要的贡献。

  明清之际，由于复杂的原因，中国社会没有能够有效地完成转型，逐步走向封闭和衰落。鸦片战争的失败，更使中国面临数千年未有之变局，使中华民族沦入生死存亡的艰难境地。为了救国于危难，当时的仁人志士自觉不自觉地把目光投向西方，投向西学，并由此对中国传统文化进行了激烈的批判。从洋务运动、戊戌变法，一直到五四新文化运动，

出版后记

在近代中国救亡图存的历史语境中，传统文化的观念和形态，常常被贴上落后、愚昧的标签，乃至被指斥为近代中国衰落和灾难的祸根，就连汉字和中医这样与国人生命息息相关的文化形态，也受到牵连和敌视，被列入需要废除的清单。对本民族文化的这种决绝态度，在世界各民族的历史上都是罕见的，它既反映了我们中华民族创新发展的非凡勇气，也从一个重要侧面，印证了中华传统文化的顽强和深厚。

今天，历史已经走进21世纪，我们中华民族经过不懈的努力和奋斗，迎来了快速发展的良好机遇，国家强盛、民族复兴的曙光就在前方。在这样的时候，在这样的历史背景下，重温我们民族的辉煌、艰难历史，重新认知我们民族的优秀文化和高贵传统，不仅是一种自然的趋势，也是一项庄严的历史使命。理由很简单，我们中华民族要在全球化的背景下真正实现伟大复兴，必须具有足够的凝聚力和创造力，必须具有强烈的自尊心和自信心，而这一切，离不开对本民族优秀文化基因的认同和感念，离不开对优秀传统的继承和弘扬。从这个意义上说，中国传统文化是不绝的源泉，是清新而流动的活水。我们组织出版《中国文化经纬》系列丛书，正是为了汲取丰富的精神滋养，激发我们前行的力量。

本书系计划出版100卷，由著名的中国文化书院组织编写，内容涵盖中国传统文化的各个方面和层级，涉及文学、历史、艺术、科学、民俗等多个领域，力求用通俗易懂的语言，用较少的篇幅，使广大读者对中国历史文化有较为全面的认识，对中国精神和中国风格有较为深切的感受。丛书的作者均为国内知名专家，有的是学界泰斗，在国内外享有盛誉，他们的思想视野、学术底蕴和大家手笔，保证了丛书的学术品质和精神品格。

这是一套规模宏大、富有特色的中国传统文化读本，这是专家为同胞讲述的本民族的系列文明故事，我们期待您的关注和阅读，也等待您的支持和批评。

中国书籍出版社
2015 年 9 月

中国文化经纬·第一辑

从黄帝到崇祯：二十四史 / 徐梓 著
华夏文明的起源 / 田昌五 著
孔子和他的弟子们 / 高专诚 著
老子与道家 / 许抗生 著
墨子与墨学 / 孙中原 著
四书五经 / 张积 著
宋明理学 / 尹协理 著
唐风宋韵：中国古代诗歌 / 李庆 武蓉 著
易学今昔 / 余敦康 著
中国神话传说 / 叶名 著

中国文化经纬·第二辑

敦煌的历史与文化 / 宁可 郝春文 著
伏尔泰与孔子 / 孟华 著
利玛窦与徐光启 / 孙尚扬 著
神秘文化的启示：纬书与汉代文化 / 李中华 著
中国古代婚俗文化 / 向仍旦 著
中国书法艺术 / 陈玉龙 著
中国四大古典悲剧 / 周先慎 著
中国图书 / 肖东发 著
中国文房四宝 / 孙敦秀 著
中印文化交流史 / 季羡林 著